강제로 습득된 지식은 결코 마음속에 남지 않는다.
플라톤

Knowledge which is acquired under compulsion has no hold on the mind.
Platon

사전 없이 영어 원서를 읽는 가장 확실한 방법
원서 잡아먹는 영단어 2

초판 1쇄 발행 2010년 11월 17일
초판 9쇄 발행 2019년 2월 22일

지은이 신상현
펴낸이 김선식

경영총괄 김은영
콘텐츠개발5팀장 이호빈 콘텐츠개발5팀 봉선미, 김누 책임마케터 최혜령
마케팅본부 이주화, 정명찬, 최혜령, 이고은, 이유진, 허윤선, 김은지, 박태준, 배시영, 기명리
저작권팀 최하나, 추숙영
경영관리본부 허대우, 임해랑, 윤이경, 김민아, 권송이, 김재경, 최완규, 손영은, 김지영, 이우철
외부스태프 일러스트 김동범

펴낸곳 다산북스 출판등록 2005년 12월 23일 제313-2005-00277호
주소 경기도 파주시 회동길 37-14 2, 3, 4층
전화 02-702-1724(기획편집) 02-6217-1724(마케팅) 02-704-1724(경영관리)
팩스 02-703-2219 이메일 dasanbooks@dasanbooks.com
홈페이지 www.dasanbooks.com 블로그 blog.naver.com/dasan_books
종이 월드페이퍼(주) 출력 · 제본 갑우문화사

ⓒ 2010, 신상현

ISBN 978-89-6370-427-2 14740
978-89-6370-425-8 (전3권)

· 책값은 표지 뒤쪽에 있습니다.
· 파본은 구입하신 서점에서 교환해드립니다.
· 이 책은 저작권법에 의하여 보호를 받는 저작물이므로 부단 전재와 복제를 금합니다.

다산북스(DASANBOOKS)는 독자 여러분의 책에 관한 아이디어와 원고 투고를 기쁜 마음으로 기다리고 있습니다. 책 출간을 원하는 아이디어가 있으신 분은 이메일 dasanbooks@dasanbooks.com 또는 다산북스 홈페이지 '투고원고'란으로 간단한 개요와 취지, 연락처 등을 보내주세요. 머뭇거리지 말고 문을 두드리세요.

원서 잡아 먹는 영단어

사전 없이 영어 원서를 읽는 가장 확실한 방법

2

신상현 지음

BEYOND
A·L·L

 목차

101	fend	10
102	pend	12
연습하기		14
103	expend	16
104	tend	18
연습하기		20
105	container	22
106	certain	24
연습하기		26
107	fuse	28
108	guard	30
연습하기		32
109	terror	34
110	firm	36
연습하기		38
111	join	40
112	jet	42
연습하기		44
113	move	46
114	local	48
연습하기		50
115	victory	52
116	proof	54
연습하기		56
117	star	58
118	press	60
연습하기		62
119	legal	64
120	regal	66
쉬어가기		68
연습하기		70
121	see	72
122	visit	74
연습하기		76
123	vision	78
124	view	80
연습하기		82
125	expect	84
126	wait	86

연습하기		88
127	preserve	90
128	reply	92
연습하기		94
129	complex	96
130	supply	98
연습하기		100
131	building	102
132	construct	104
연습하기		106
133	direct	108
134	doctor	110
연습하기		112
135	pure	114
136	computer	116
연습하기		118
137	whole	120
138	fit	122
연습하기		124
139	exit	126
140	train	128
쉬어가기		130
연습하기		132
141	day	134
142	close	136
연습하기		138
143	sit	140
144	set	142
연습하기		144
145	deny	146
146	foot	148
연습하기		150
147	phone	152
148	create	154
연습하기		156
149	sense	158
150	present	160
연습하기		162
151	science	164

152	habit	166		177	add	244
연습하기		168		178	cover	246
153	free	170		연습하기		248
154	ban	172		179	apt	250
연습하기		174		180	manual	252
155	peace	176		쉬어가기		254
156	ticket	178		연습하기		256
연습하기		180		181	pedal	258
157	league	182		182	picture	260
158	medic	184		연습하기		262
연습하기		186		183	vow	264
159	mid	188		184	commando	266
160	ware	190		연습하기		268
쉬어가기		192		185	punish	270
연습하기		194		186	patient	272
161	simulation	196		연습하기		274
162	nose	198		187	other	276
연습하기		200		188	faith	278
163	noise	202		연습하기		280
164	circle	204		189	crack	282
연습하기		206		190	gesture	284
165	scene	208		연습하기		286
166	stick	210		191	bankrupt	288
연습하기		212		192	exist	290
167	sect	214		연습하기		292
168	prophet	216		193	quite	294
연습하기		218		194	test	296
169	telepathy	220		연습하기		298
170	social	222		195	solve	300
연습하기		224		196	second	302
171	elevator	226		연습하기		304
172	believe	228		197	sue	306
연습하기		230		198	record	308
173	level	232		연습하기		310
174	scale	234		199	credit	312
연습하기		236		200	rule	314
175	food	238		쉬어가기		316
176	Christmas	240		연습하기		318
연습하기		242				

 저자의 말

한국인이 영어공부에서 가장 힘들고 어렵게 느끼는 것은 원서를 읽으려 노력할 때마다 수없이 새롭게 나타나는 영단어를 발견할 때, 이미 알고 있다고 생각한 단어들의 뜻이 기억나지 않을 때일 것입니다. 이렇게 책을 쓰는 저 또한 과거에는 오랜 시간 동안 공들여가며 여러 가지 방법으로 단어암기에 노력을 다했지만 그때마다 번번이 실패를 경험할 수밖에 없었습니다.

  과거 외국에서 많은 시간을 보내면서, 어떻게 하면 영단어를 잘 외울까가 아니라 "왜 나 같은 한국 사람들은 영단어를 잘 못 외우는 것일까?"라는 것을 깊이 고민했고 원인을 분석했습니다.

  영단어의 철자를 하나하나 암기한 후 그 단어를 다시 한국말로 이해하기 때문에 열심히 외우려고 노력해도 머릿속에 남지 않고 금세 잊어버리게 되고, 또 그렇게 단어를 따로 따로 외웠기 때문에 단어끼리 연관성이 전혀 없어서 알파벳이 하나만 바뀌어도 뜻을 전혀 알 수가 없는 것이었습니다. 그리고 무조건 암기했기 때문에 그 단어가 문장에서 어떠한 역할을 하는지 이해가 되지 않아 이미 알고 있던 단어조차 뜻이 잘 기억나지 않는 것입니다.

저는 유학생활 동안 그러한 어려움을 한 번에 이겨낼 수 있게 영어사전을 뒤적여 단어의 어원을 일일이 찾고 여러 백과사전을 참고하여 영단어를 정리하면서 문서를 하나하나 만들었습니다. 그러자 그 전과는 비교도 할 수 없을 만큼 많은 단어들을 어렵지 않게 습득할 수가 있었습니다. 또한, 원서에 등장하는 단어의 뜻을 굳이 모르더라도 그 단어가 어떠한 역할을 하는지 어떠한 의미를 지니고 있는지 어렵지 않게 짐작할 수 있게 되었습니다.

제가 그동안 정리해온 자료들을 국내에서 영어를 공부하는 독자들이 영단어에 대한 두려움을 없애고, 저처럼 단어암기에 어려움을 느꼈던 분들이 빠른 시간에 많은 단어들을 재미있게 기억할 수 있도록 책으로 출간하게 되었습니다.

현재 국내에서는 영단어를 암기하는 여러 가지 다양한 방법이 개발되었고 최신 장비가 속속들이 등장하고 있습니다. 최신 장비를 이용해서 영단어를 암기하면 기존에 단순히 적어가며 암기했던 것 보다 빠른 효과를 얻을 수는 있겠지만 많은 제약이 생길 수밖에 없습니다.

왜냐하면, 영단어는 한 뿌리에서 파생된 단어들이 많아서 굳이 따로 외우지 않아도 원래의 핵심을 이루고 있는 단어를 통해 어렵지 않게 많은 단어를 이해하고 암기할 수 있기 때문입니다. 예를 들면, wit, witness, wise, wisdom 같은 단어들은 현재는 뜻이 달라보여서 일일이 따로 외워야 하는 것처럼 보일 것입니다. 그러나 원래 wit는 지식을 뜻하는 단어였기에 나중에 자신이 지니고 있는 지식을 순간순간 표현하는 '재치'로 쓰이게 된 것이고 witness는 자신이 체험했거나 경험한 지식을 사람들에게 표현하는 데서 '목격자'란 뜻이 된 것입니다. 지식을 뜻하는 wit를 형용사로 사용하여 '현명한'이란 뜻을 지닌 wise가 생기게 되었고 다시 wise를 명사로 만든 단어가 '지혜'를 의미하는 wisdom입니다.

게다가 한국인들에게는 핵심 단어에 붙는 접두사나 접미사의 의미와 개념이 잡혀있지 않아서 단어의 역할을 제대로 이해하지 못합니다. 예를 들면, finite는 형용사로 어떠한 것에 한계와 끝을 표현한 '유한한, 제한된'이란 뜻을 지닌 단어입니다. 이 단어에 '부정'을 나타내는 접두사 in과 명사로 만드는 접미사 ity를 붙이면 명사인 infinity가 되고 한계나 끝이 없는 '무한'이라는 뜻의 단어가 됩니다.

그러다보니 단순히 영단어를 외우기만 해서는 영어 원서를 통해서 접하게 되는 새로운 단어에 대해 전혀 알 수 없고, 스스로 단어의 뜻을 유추할 능력을 기를 수가 없습니다. 제가 학습한 방법으로 영단어를 공부하다보면 finite 앞에 in을 붙인 infinite라는 단어가 존재할 수 있다는 것을 유추할 수가 있을 것이고 그 단어가 '무한한'이라는 뜻을 지닌 것도 짐작할 수 있을 것입니다.

요즘은 어원을 통해서 가르치는 여러 가지 책들도 많이 나와 있습니다. 그러나 영단어의 어원과 파생어를 단순히 짝지어 소개만 한다면 그것은 독자들에게 또 다른 어려움을 전할 수밖에 없습니다. 왜냐하면 단어들의 어원은 과거에 사용되었던 뜻이기에 현재로 넘어와서는 그 의미와 형태가 많이 변하게 되었고 같은 철자를 지닌 접두사나 접미사에도 다양한 뜻과 역할의 변화가 끊임없이 발생하기 때문입니다.

  그래서 저는 이 책에서 사전에 나와 있는 모든 뜻을 정리할 수는 없지만 현재 가장 많이 사용되는 뜻을 위주로 왜 이러한 뜻과 단어들이 생기게 되었는지 이야기 형식을 통해 구성하였고, 실수하기 쉬운 비슷한 단어들을 정리하여 단어라는 것은 알면 알수록 재미가 더해지는 것을 느낄 수 있게 했습니다. 마인드맵을 통해서 단어를 머릿속으로 정리를 하면, 어디서든지 머릿속에서 단어의 그림을 떠올리며 연습할 수 있어 수많은 어휘가 자신의 것이 되는 기쁨과 영단어에 대한 용기가 생길 것입니다.

  영단어는 영어를 배움에 있어 농부가 지니고 있는 토양과도 같습니다. 좋은 토양이 많으면 많을수록 농부의 수고와 노력을 더함에 따라 더 많은 농작물을 추수할 수 있듯이 영단어도 마찬가지로 단어를 많이 알고 그 후에 문법을 통해 적용하면 영어로 된 표현이나 문장들을 풍부하게 습득하고 이해할 수 있습니다. 저는 이 책을 통하여 영어를 공부하는 분들이 좋은 토양을 풍족히 가꾸어서 좋은 열매를 가득 맺게 되는 결과를 갖길 소망합니다.

신상현

101 **fend** 저항하다

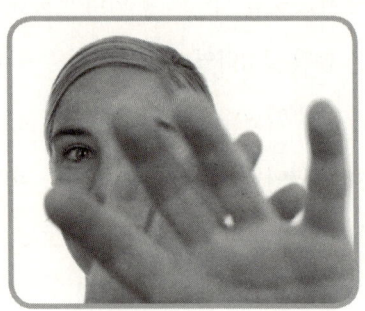

defender 수비수
dih-**fen**-der
↑
defence 수비, 방어 ← **defend** 방어하다
dih-**fens**   dih-**fend**
                             ↑
offence 범죄 ← **offend** 불법을 저지르다 ← **fend** 저항하다
uh-**fens**   uh-**fend**   fend
     ↙   ↙   ↓
offender 범죄자   **fender** 난로망   **fence** 울타리
uh-**fen**-der   **fen**-der   fens
                                                ↓
                                          fencing 펜싱
                                          fen-sing

영단어 공부가 힘든 건 철자는 비슷하지만, 뜻이 다른 경우가 많다 보니 외우는 게 어렵기 때문이야. 이 책을 읽다보면 그런 어려움을 극복할 수 있어. 영단어를 머릿속에서 정확히 기억할 수 있기 때문에 영어 원서를 읽을 때 사전을 찾지 않아도 술술 읽을 수 있을 거야.

철자는 비슷하지만 뜻이 다른 단어들부터 몇 가지 알아보자.

fend는 무언가로부터 자신을 지키기 위해 막는 저항하다는 뜻으로 쓰이는 단어야. fend에서 파생된 fender는 난로가 발생시키는 뜨거운 열로부터 보호하기 위해 설치하는 난로망이나 자전거 바퀴에 흙이나 물이 튀지 않도록 설치하는 흙받기를 말해. 난로망처럼 건물이나 집을 넘지 못하게 막고자 경계를 치는 울타리를 fence라고 하는데 이 단어 또한 fend에서 나왔어. fence에서 나온 fencing은 칼을 통해 상대방을 공격, 수비하는 스포츠인 펜싱이야. fencing은 밑에서 배울 '수비'를 뜻하는 defence와 '공격'을 뜻하는 offence가 합쳐져 스포츠를 나타내면서 생긴 단어야.

fend 앞에 de를 붙인 defend는 상대방이 쳐들어오는 공격을 막는 방어하다는 뜻으로 쓰이는 단어야. 여기서 나온 defender는 스포츠에서 많이 쓰이는 수비수를 의미하고 defence는 상대방의 공격을 막는 수비나 방어를 뜻하지.

'저항'이나 '반대'를 의미하는 접두사 ob를 fend에 붙이면 offend가 되는데 상대방을 기분 나쁘게 하는 성나게 하다와 잘못된 일을 저지르는 불법을 저지르다는 뜻으로 쓰이는 단어야. 그래서 offend에서 나온 offender는 범죄를 저지르는 범죄자를 뜻하고 offence는 offender가 저지르는 범죄나 위법행위를 의미해.

11

102 pend 매달리다

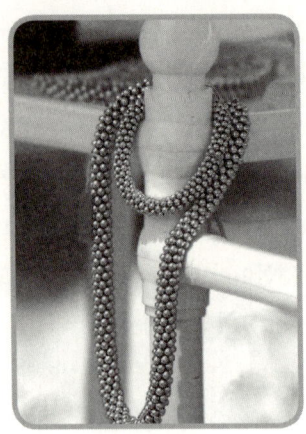

independent 독립된
in-di-**pen**-duhnt

independence 독립
in-di-**pen**-duhns

dependent 의지하는
dih-**pen**-duhnt

dependence 의지, 의존
dih-**pen**-duhns

appendix 부록, 맹장
uh-**pen**-diks

depend 의지하다
dih-**pend**

pendulum 추
pen-juh-luhm

append 덧붙이다
uh-**pend**

pend 매달리다
pend

pendant 펜던트
pen-duhnt

suspend 연기하다
suh-**spend**

suspense 긴장감
suh-**spens**

suspension 정학, 출장정지
suh-**spen**-shuhn

pend는 무언가가 붙잡고 늘어져 있는 매달리다를 뜻해. 그래서 pend에서 나온 pendant는 목에 거는 장식품인 펜던트이고, pendulum은 시계 등에 매달려 있는 추를 말해.

앞에 ad를 붙인 append는 책이나 글에 마치 매달려 있는 것처럼 내용이 부착된 덧붙이다, 첨가하다는 의미이고 append에서 파생된 appendix는 책에 부착되어진 부록, 사람 몸속 작은창자와 큰창자 사이에 매달려 있는 맹장을 뜻해.

참고로 appendage는 무언가에 붙어 있는 '부속물', appendix에 '염증'을 뜻하는 접미사 itis를 붙인 appendicitis는 '맹장염'이야.

'아래'를 뜻하는 접두사 de를 붙인 depend는 아래 매달려 있다하여 pend와 똑같이 매달리다를 뜻하고 남에게 매달려서 생활하는 의지하다를 뜻하기도 해. '의지하다'라는 뜻에서 나온 dependent는 의지하는, 의존하는이고 dependence는 의지나 의존이야. dependent 앞에 '부정'을 뜻하는 in을 붙인 independent는 남에게 의지하지 않고 자기 스스로 이겨내는 독립된을 뜻하는 형용사야. 명사로 독립은 independence야. Independence Day는 7월 4일로 미국의 '독립 기념일'을 의미해.

앞에 '아래'를 뜻하는 접두사 sub를 붙인 suspend도 마찬가지로 매달리다는 의미가 있는데 정해진 시간동안 매달아 놓는 연기하다와 징계하다의 뜻도 있어. 그래서 suspense는 일정한 시간 동안 정신적으로나 육체적으로 마음이 매달려 있는 것처럼 조이는 긴장감을 뜻하고 suspension은 일정한 시간 동안 학교에 등교하지 못하고 집에 매달려 있는 정학이나 운동선수들의 출장이 일정한 기간 동안 매달려 금지당하는 출장정지야.

연습하기

빈칸에 적절한 뜻과 철자를 넣으세요.

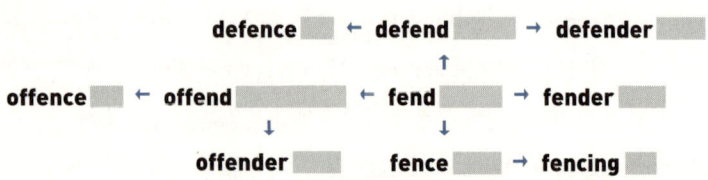

```
                    defence ☐ ← defend ☐ → defender ☐
                                    ↑
offence ☐ ← offend ☐ ← fend ☐ → fender ☐
            ↓                   ↓
            offender ☐          fence ☐ → fencing ☐
```

```
                    defen☐☐ 수비 ← ☐☐fend 방어하다 → defend☐☐ 수비수
                                        ↑
offen☐☐ 범죄 ← ☐☐fend 불법을 저지르다 ← fend 저항하다 → fend☐☐ 난로망
              ↓                         ↓
              offend☐☐ 범죄자            fen☐☐ 울타리 → fenc☐☐☐ 펜싱
```

14

```
                    independent
                         ↑
                                    independence
                    dependent           ↑
                         ↑          dependence
                                   ↗
appendix         depend
    ↑              ↑           pendulum
                              ↗
append    ←    pend    →    pendant
                   ↓
               suspend    →    suspense
                   ↓
               suspension
```

```
                    ☐☐dependent 독립된
                         ↑
                                    ☐☐dependence 독립
                  depend☐☐☐ 의지하는
                         ↑          dependen☐☐ 의지, 의존
                                   ↗
append☐☐ 부록, 맹장   ☐☐pend 의지하다
    ↑                    ↑           pendulum 추
                                   ↗
☐☐pend 덧붙이다  ←  pend 매달리다  →  pend☐☐☐ 펜던트
                         ↓
                   ☐☐☐pend 연기하다  →  suspen☐☐ 긴장감
                         ↓
                  suspen☐☐☐☐ 정학, 출장정지
```

103 expend 소비하다

pension 연금
pen-shuhn
↑
expenditure 지출   **pense** → **compensate** 배상하다
ik-**spen**-di-cher   kom-**puhn**-seyt
↑   파생↑
expend 소비하다 ← **pend** 변형→ **pound** 파운드 → **pence** 펜스
ik-**spend**   pound   pens
↓ ↘
expense 비용   **spend** 소비하다 → **spending** 지출
ik-**spens**   spend   **spen**-ding
↓
expensive 비싼
ik-**spen**-siv
↓
inexpensive 비싸지 않은
in-ik-**spen**-siv

expend는 '무게를 달다'라는 뜻의 pend에서 나온 영단어야. 여기에서 pend는 앞 페이지의 '매달리다'를 뜻하는 pend와는 다른 단어이고 나중에는 형태도 pound로 변하게 되었어. pound는 무게의 단위 파운드와 영국의 화폐단위인 1파운드를 의미하는데 pound에서 나온 pence는 pound의 1/100인 1펜스에 해당하는 영국의 화폐단위야. 그리고 여기서 미국의 화폐단위로 1달러의 1/100인 '1센트'를 나타내는 penny가 생겨났어.

예전에는 물건을 살 때 자신이 사고자 하는 물건의 무게를 잰 후 그 무게만큼 돈을 냈기 때문에 pend가 '무게를 달다', '돈을 내다'라는 뜻까지 갖게 됐어. 그래서 ex를 붙인 expend가 돈이나 시간 등을 사용하는 소비하다, 쓴다를 의미하는 거야. expenditure는 돈을 사용한 지출이나 에너지 등을 쏟은 소비, expense는 물건을 사는 데 사용하는 돈이나 비용을 뜻해. 형용사형 expensive는 비싼, 앞에 '반대'를 나타내는 in을 붙인 inexpensive는 비싸지 않은이야.

expend에서 나온 spend는 expend처럼 돈이나 시간 등을 사용하는 쓰다, 소비하다를 의미하고 명사형 spending은 지출이야. 참고로 spend 앞에 over를 붙인 overspend는 돈을 마구 쓰는 '낭비하다'이고, mis를 붙인 misspend는 잘못된 사용을 뜻하는 '잘못 소비하다'야.

pend에서 변형된 pense는 현재 사용하지 않지만, ion을 붙인 pension은 양쪽저울에 같은 무게의 물건을 달 듯이 개인이 국가나 사회에 공헌하면 나라에서 제공하는 돈인 연금을 뜻해. 앞에 com을 붙인 compense도 지금은 사용하지 않지만 뒤에 접미사 ate를 붙인 compensate가 생겨났고, 함께 무게를 재다는 뜻에서 자신이 받은 것만큼 남에게 다시 돌려주는 배상하다, 보상하다를 의미하게 됐어.

104 **tend** 경향이 있다, 성향이 있다

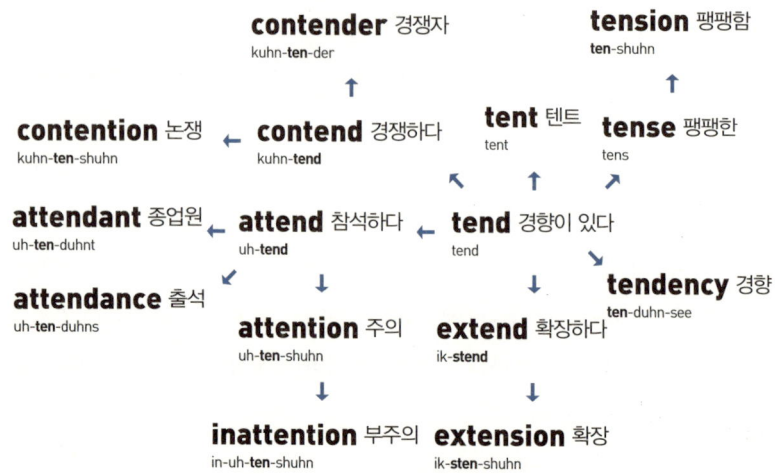

contender 경쟁자
kuhn-**ten**-der

tension 팽팽함
ten-shuhn

contention 논쟁 ← **contend** 경쟁하다 **tent** 텐트 **tense** 팽팽한
kuhn-**ten**-shuhn   kuhn-**tend**   tent   tens

attendant 종업원 ← **attend** 참석하다 ← **tend** 경향이 있다
uh-**ten**-duhnt   uh-**tend**   tend

attendance 출석
uh-**ten**-duhns

tendency 경향
ten-duhn-see

attention 주의   **extend** 확장하다
uh-**ten**-shuhn   ik-**stend**

inattention 부주의   **extension** 확장
in-uh-**ten**-shuhn   ik-**sten**-shuhn

tend는 원래 '뻗다, 펼치다'를 뜻하는 단어였고, 그러한 뜻을 통해서 행동이나 생각 등이 한쪽으로 뻗어지는 경향이 있다, 성향이 있다라는 의미를 가지게 되었어. 그래서 명사인 tendency는 경향이나 성향을 뜻하고 야외에서 취침하기 위해 사용하는 텐트도 펼쳐서 세우기에 tent라고 말하게 된 거야. tend의 과거 분사로 쓰여 변형되어 생기게 된 tense는 무언가를 최대한 늘린 상태를 말하는 팽팽한, 긴장한이라는 뜻이고 tension은 팽팽함, 긴장을 뜻해.

앞에 '방향'을 뜻하는 ad를 붙인 attend는 자신의 마음이나 귀를 상대방을 향하여 펼치는 주의를 기울이다라는 뜻이 있지만 자신의 마음이 아니라 몸이 어떠한 장소로 펼쳐져 향하게 되는 참석하다로 더 많이 쓰이고 있어. attendant는 눈과 귀가 손님에게 향하면서 봉사하는 종업원을 의미하고 attendance는 학교를 향하여 가는 출석을 뜻하지. 비행기에서 승객에게 서비스를 제공하는 사람인 stewardess는 steward(남자승무원) 뒤에 '여성'을 의미하는 ess를 붙인 단어로 '여자승무원'을 말하지만, 현재는 성별의 명시를 피하기 위해 '객실 승무원'을 flight attendant라고 말하는 경우가 대부분이야.

attend에서 파생된 단어를 좀더 보면, attention은 마음이나 귀가 향하는 주의이고 앞에 '부정'을 나타내는 in을 붙인 inattention은 부주의를 뜻해.

앞에 '함께, 서로'를 뜻하는 con을 붙인 contend는 서로 남의 땅을 차지하고자 영역을 펼치며 싸우는 경쟁하다, 다투다라는 뜻과 말을 통해 언쟁을 벌이는 주장하다라는 뜻도 있어. contender는 서로 경쟁을 하는 경쟁자나 도전자이고 contention은 서로의 주장을 펼치는 논쟁이나 언쟁을 의미해. ex를 붙인 extend는 밖으로 펼쳐 내는 확장하다와 기간을 펼쳐 확장하는 연장하다를 뜻해. 참고로 extent는 '확장된 크기'나 '정도'를 뜻하고, extension은 확장이나 연장, 또 여러 개의 전원을 한 곳에 연결해 사용하는 연장선, 기숙사나 회사에서 전화 여러 대를 하나의 선으로 연결해 사용하는 내선을 이용한 구내전화를 뜻하기도 해.

연습하기

빈칸에 적절한 뜻과 철자를 넣으세요.

```
                          pension
                             ↑
        expenditure      pence   →   compensate
             ↑             평칭↑
        expend      ←    pend   →변형 pound   →   pence
             ↓            ↘
        expense          spend   →   spending
             ↓
        expensive
             ↓
        inexpensive
```

```
                          pension 연금
                             ↑
     expend□□□□□ 지출       pence   →   □□pensate 배상하다
             ↑                평칭↑
        □□pend 소비하다 ←   pend  →변형 pound 파운드 → pence 펜스
             ↓             ↘
        expen□□ 비용      □pend 소비하다 → spend□□□ 지출
             ↓
        expens□□□ 비싼
             ↓
        □□expensive 비싸지 않은
```

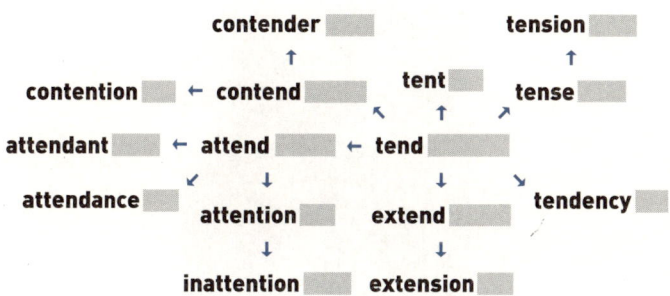

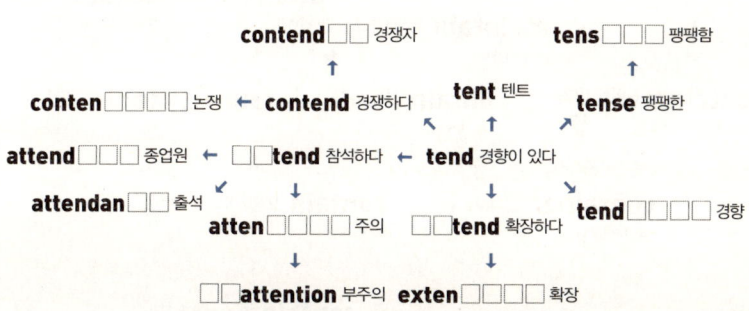

105 container 컨테이너

maintenance 유지
meyn-tuh-nuhns

attainment 성취
uh-**teyn**-muhnt

lieutenant 경위
loo-**ten**-uhnt

↑ ↑ ↑

maintain 유지하다
meyn-**teyn**

attain 이루다
uh-**teyn**

tenant 거주자
ten-uhnt

↖ ↑ ↑

obtainment 획득
uhb-**teyn**-muhnt

← **obtain** 획득하다
uhb-**teyn**

← **tain** →

tenet 교리
ten-it

↓

container 컨테이너
kuhn-**tey**-ner

← **contain** 포함하다, 억누르다
kuhn-**teyn**

↓

containment 억제
kuhn-**teyn**-muhnt

22

'잡다'를 뜻하는 tain에서 나온 tenet은 사람이 살면서 가지게 되고 잡게 되는 교리나 주의를 뜻하고 tenant는 사람이 살 수 있는 집을 법적으로 잡고 있는 거주자나 차용자를 뜻해. 집을 임대한 사람은 tenant이고 tenant에게서 매달 돈을 받는 '지주'를 landowner라고 해. 장소를 뜻하는 lieu와 tenant이 만난 lieutenant는 상관을 대신해서 중요한 업무를 책임을 지며 잡고 그 일을 처리하는 사람을 뜻해. 그래서 군인의 중요한 업무를 대신 잡고 있는 육해공군의 중위를 의미하고 사전적 의미로는 경찰서의 부서장을 뜻하기도 하는데 실제로는 상관을 대신해 일을 처리하는 경우나 부관으로 자주 사용해.

tain 앞에 다양한 접두사를 붙여서 만든 영단어들이 많아. '방향'을 뜻하는 ob를 붙인 obtain은 자신의 방향 쪽으로 놓여 있는 것을 잡는 얻다, 획득하다이고, 명사형 obtainment는 얻게 되는 획득이야.

tain 앞에 ad를 붙인 attain은 자신의 노력을 통해 세워진 계획을 잡는 이루다이고 명사형 attainment는 노력을 통해 이룬 성과나 성취를 뜻해.

화물 수송에 쓰는 큰 상자나 물건을 담기 위해 쓰는 플라스틱 상자를 컨테이너라고 하는데 tain 앞에 con을 붙인 contain에서 나온 단어야. 먼저 contain은 여러 가지 것들을 함께 잡고 있다고 해서 포함하다, 담고 있다는 뜻과 사람이 화가 날 때 자신이 가진 감정들을 폭파시키지 않고 스스로 잡고 있다하여 억누르다라는 뜻으로 사용해. 그래서 container는 물건을 담고 있는 컨테이너를 말하고 containment는 자신이 가진 감정을 제어하는 억제를 말해.

maintain의 main은 '손'을 의미하는 manus에서 파생된 단어이고 tain과 합쳐진 maintain은 잡고 있어 끊이지 않게 도움을 주는 지지하다와 기계나 장비 등을 오래 사용할 수 있게 계속해서 수리하여 잡고 있는 유지하다가 있어. 그래서 maintenance는 정기적으로 기계나 건물을 점검하거나 보수하는 유지를 뜻하고 '요금'을 뜻하는 fee와 합쳐진 maintenance fee는 '관리비'를 뜻해.

106 certain 확실한

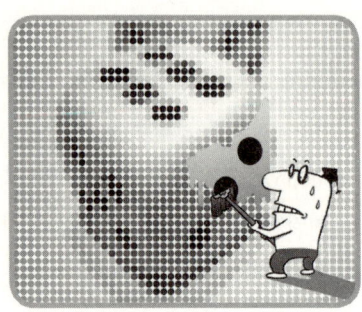

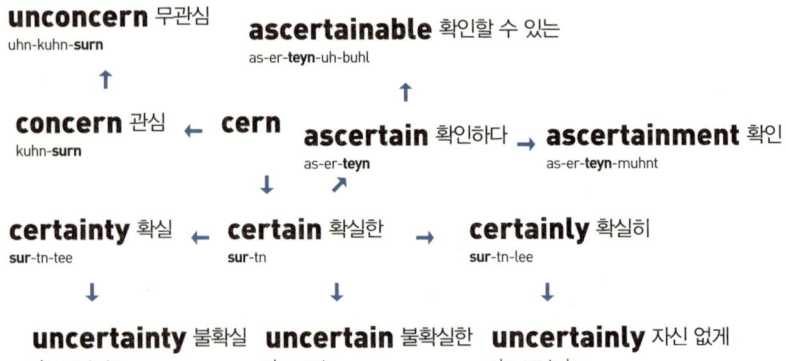

- **unconcern** 무관심 / uhn-kuhn-**surn**
- **ascertainable** 확인할 수 있는 / as-er-**teyn**-uh-buhl
- **concern** 관심 / kuhn-**surn**
- **cern**
- **ascertain** 확인하다 / as-er-**teyn**
- **ascertainment** 확인 / as-er-**teyn**-muhnt
- **certainty** 확실 / **sur**-tn-tee
- **certain** 확실한 / **sur**-tn
- **certainly** 확실히 / **sur**-tn-lee
- **uncertainty** 불확실 / uhn-**sur**-tn-tee
- **uncertain** 불확실한 / uhn-**sur**-tn
- **uncertainly** 자신 없게 / uhn-**sur**-tn-lee

certain은 앞에서 배운 '잡다'를 뜻하는 tain 앞에 cer를 붙여서 나온 단어가 아니고 cern이라는 단어의 과거분사야. 원래 cern은 여러 개 중에서 하나를 정하는 '결정하다'라는 뜻으로 쓰였는데, 과거분사형인 certain이 '결정된'을 뜻하게 되었고 지금은 무언가가 결정되고 확정된 것을 의미하는 **확실한**이라는 뜻으로 사용하고 있어. certain에서 파생해서 부사로 쓰이는 certainly는 **확실히**라는 의미이고 명사로 쓰이는 certainty는 **확실**이나 **확실성**을 의미해.

certain 앞에 '부정'을 나타내는 un을 붙이기만 해도 여러 단어를 한꺼번에 익힐 수 있어. uncertain은 형용사로 **불확실한**을 뜻하고 부사 uncertainly는 확신이 전혀 없는 **자신 없게**라는 뜻을 나타내는 단어야. 명사로 사용되는 uncertainty는 **불확실**을 말해.

ascertain은 원래 certain 앞에 a를 붙인 acertain으로 사용했는데 다른 나라에서 사용하기 시작하면서 모습이 ascertain으로 바뀌었고 무언가를 확실하게 알아보는 **확인하다, 알아내다**라는 의미로 사용하고 있어. ascertrain에서 나온 ascertainment는 **확인**을 뜻하고 형용사 ascertainable은 **확인할 수 있는**이라는 뜻이야.

cern 앞에 con을 붙인 concern은 여러 가지 것을 함께 나누며 결정한다고 해서 **~에 관련되다**라는 뜻과, 서로 관련되어 있어 관심을 가지고 염려하는 **걱정되다**라는 뜻이 있어. concern은 명사로도 쓰이는데 **관심**이나 **우려**라는 뜻으로 사용되고 앞에 un을 붙인 unconcern은 **무관심**을 뜻해.

연습하기

빈칸에 적절한 뜻과 철자를 넣으세요.

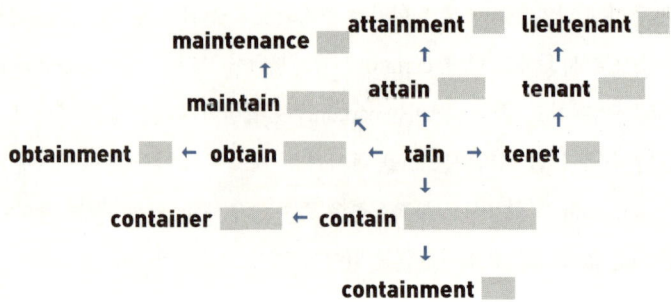

```
                    attain□□□□ 성취      □□□□tenant 경위
main□□nance 유지         ↑                    ↑
      ↑            maintain 유지하다    □□tain 이루다    tenant 거주자
                         ↖    ↑                  ↑
obtain□□□□ 획득  ←  □□tain 획득하다  ←  tain  →  tenet 교리
                                            ↓
          contain□□ 컨테이너  ←  □□□tain 포함하다, 억누르다
                                            ↓
                              contain□□□□ 억제
```

```
       unconcern                    ascertainable
           ↑                              ↑
       concern    ←   cern       ascertain    →   ascertainment
                       ↓       ↗
       certainty  ←   certain       →        certainly
           ↓              ↓                      ↓
       uncertainty    uncertain              uncertainly
```

```
       □□concern 무관심              ascertain□□□□ 확인할 수 있는
           ↑                              ↑
       □□□cern 관심  ←  cern      □□certain 확인하다  →  ascertain□□□□ 확인
                       ↓       ↗
       certain□□ 확실  ←  certain 확실한  →  certain□□ 확실히
           ↓              ↓                      ↓
       uncertainty 불확실  □□certain 불확실한    □□certainly 자신 없게
```

107 fuse 녹이다, 붓다; 퓨즈

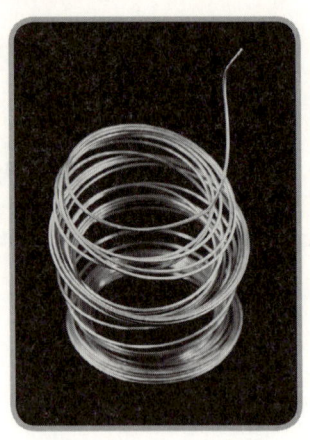

refusal 거절
ri-**fyoo**-zuhl

diffusion 확산
dih-**fyoo**-zhuhn

refuse 거절하다
ri-**fyooz**

diffuse 널리 퍼진
dih-**fyoos**

confuse 혼란시키다
kuhn-**fyooz**

fuse 녹이다
fyooz

fusion 융합
fyoo-zhuhn

confusion 혼란
kuhn-**fyoo**-zhuhn

confound 당황케 만들다
kuhn-**found**

found 녹이다, 주조하다
found

foundry 주조공장
foun-dree

전류가 과부하를 일으키면 자동적으로 전류를 차단하기 위해 퓨즈가 내려가는 것을 접한 적이 있을 거야. 퓨즈는 납과 주석을 합금하여 만든 철사로 쉽게 녹는 쇠를 의미해. 영단어 fuse는 쇠 같은 것을 녹이는 녹이다와 녹은 쇠를 통 같은 곳에 붓는 붓다라는 뜻으로 사용해. 명사로도 쓰이는데 앞에서 얘기한 것처럼 퓨즈를 말하지.

fuse 뒤에 접미사 ion을 붙인 fusion은 여러 종류의 것을 녹이고 그것을 한 데 부어 하나로 만드는 융합, 결합이라는 뜻인데, 요즘은 여러 나라의 음식을 하나의 형태로 결합한 퓨전음식이나 여러 장르의 음악을 섞어서 하나의 곡으로 완성한 퓨전음악을 뜻하기도 해.

found는 '찾다'라는 뜻의 동사 find의 과거형이기도 하고 건물이나 조직 등을 세우는 것을 의미하기도 하지만 지금 소개하는 found는 fuse가 프랑스에서 쓰이면서 변화한 모습이고 금속 등을 녹이는 녹이다, 주조하다를 의미하는 단어야. foundry는 이렇게 금속이나 유리를 녹이는 장소인 주조공장을 뜻해.

앞에 con을 붙인 confuse는 여러 가지 것들을 부어서 혼란스럽게 하는 혼란시키다, 명사형 confusion은 혼란이나 혼동을 뜻해. con이 found와 합쳐진 confound는 사람을 복잡하게 만드는 혼동하다, 당황케 하다를 의미해.

다시 fuse로 돌아가서, 앞에 re를 붙인 refuse는 섞이지 않는 것을 뜻하는 거절하다, 거부하다이고 명사형 refusal은 거절이나 거부를 뜻해. 앞에 '분리'를 뜻하는 dis를 붙인 diffuse는 섞인 것이 여기저기 분리되어 생긴 분산된, 널리 퍼진이라는 뜻이고 명사형으로 만든 diffusion은 제멋대로 흩어짐을 뜻하는 방산이나 여러 군데가 동시에 퍼지는 확산이라는 뜻으로 쓰이게 되었지.

108 guard 지키다, 보호하다; 요원, 경호

guard rail 난간
gahrd-reyl

guardian 수호자
gahr-dee-uhn

bodyguard 경호원
bod-ee-gahrd

lifeguard 인명 구조원
lahyf-gahrd

guard 지키다
gahrd

guarantee 품질 보증서
gar-uhn-tee

warden 관리소장
wawr-dn

ward 감방
wawrd

warranty 품질 보증서
wawr-uhn-tee

warder 교도관
wawr-der

reward 보상금; 사례하다
ri-wawrd

영단어 guard는 동사로는 무언가로부터 안전하게 지켜보고 보호하는 지키다, 보호하다는 뜻이고 명사로는 무언가를 위험으로부터 안전하게 지켜보고 보호하는 의미가 있어서 사람의 안전을 지키고 보호 하는 사람인 요원, 보호하는 행위인 경호를 뜻해.

bodyguard는 사람의 안전을 책임지는 경호원이고 lifeguard는 사람을 물속에서 구출하는 인명 구조원을 말해. 스포츠에서도 자주 사용하는 guard는 권투에서 상대편의 주먹을 수비하고 보호하는 방어 자세인 가드와 농구에서 상대편의 공격을 가장 최전방에서 막는 사람인 가드를 말해.

guard에서 나온 guardian은 지키고 보호하는 수호자를 뜻하고, guard rail은 열차의 탈선을 막기 위해 설치하는 가드레일이나 계단 옆에 붙어 있는 난간을 의미해.

1권에서 과거 서양에서는 g로 쓰던 단어들을 y로 철자를 바꾸기도 했다는 이야기를 해줬지. g를 y로 바꾸는 것 말고도 gu를 w로 바꾸기도 해서 guard는 ward로 바꿔 사용했어. 그래서 guarantee와 warranty는 똑같이 물건의 제품을 보호하고 보장하는 품질 보증서를 의미하는 거야.

ward는 현재 많이 쓰지는 않지만 아픈 환자를 보호하는 병실을 뜻하고, 죄인들이 도망가지 못하게 지키는 감방을 의미해. warder는 교도관, warden은 특정지역을 대표하는 관리소장이나 교도소를 대표하는 교도소장을 말해.

ward 앞에 '강조'를 뜻하는 re를 붙인 reward는 '보호'를 뜻하는 게 아니라 지켜보는 것을 의미해서 물건이나 상품을 지켜보며 값을 매기는 '평가'라는 뜻으로 쓰였었어. 그러다 나중에는 상품이 아닌 어떠한 일에 대해 평가해서 돈을 제공하는 보상금이나 보상을 의미하면서 동사로도 쓰이게 되어 사례하다, 보상하다를 뜻하게 되었지.

연습하기

빈칸에 적절한 뜻과 철자를 넣으세요.

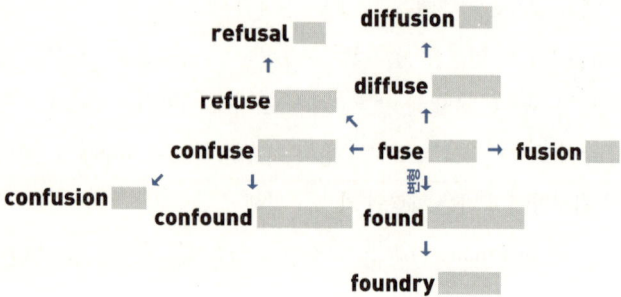

```
                    guard rail
    guardian          ↑            bodyguard
               ↖     ↑     ↗
    lifeguard  ←   guard   →   guarantee
                    ↓
    warden    ←    ward    →   warranty
                ↙   ↓
       warder       reward
```

```
                    guard ☐☐☐☐ 난간
    guard☐☐☐ 수호자    ↑         ☐☐☐☐guard 경호원
                 ↖   ↑   ↗
 ☐☐☐☐guard 인명 구조원 ← guard 지키다 → guarantee 품질 보증서
                     ↓
    ward☐☐ 관리소장 ← ☐ard 감방 → warranty 품질 보증서
                 ↙   ↓
       ward☐☐ 교도관     ☐☐ward 보상금; 사례하다
```

109 terror 협박, 공포, 두려움

terrorist 테러범
ter-er-ist

terrorism 테러리즘
ter-uh-riz-uhm

terrible 끔찍한
ter-uh-buhl

terrify 무섭게 하다
ter-uh-fahy

terror 협박
ter-er

territory 영토
ter-i-tawr-ee

terrestri 변형 **terra** 땅, 지구 → **terran** 지구인 → **terrane** 지층
ter-uh   ter-uhn   tuh-reyn

terrestrial 지구의
tuh-res-tree-uhl

terrace 테라스
ter-uhs

extraterrestrial 외계인
ek-struh-tuh-res-tree-uhl

terra는 땅이나 지구를 의미하는 프랑스어로 그대로 영어에서도 사용하고 있어. terra에서 나온 terran은 지구에 사는 사람인 지구인을 뜻하고, 뒤에 e를 붙인 terrane은 땅속에 있는 지층을 의미해. terrace는 원래 집 앞에 놓여 있는 돌이 가득한 쓸모없는 땅을 의미했지만 나중에는 이러한 돌들을 가꾸고 꾸미며 집과 밖을 연결하는 테라스를 의미하게 됐어. territory는 국가나 나라에서 소유하는 땅을 의미했지만 현재는 주인이 소유하고 있는 영토나 지역을 뜻해. terra가 라틴어로 넘어가면서 terrestri로 철자가 변화했고 여기에 접미사 al을 붙인 terrestrial이라는 긴 단어가 생겨났는데 형용사로 지구나 땅을 표현하는 육지의, 지구의를 뜻해. terrestrial 앞에 '밖의'라는 뜻을 지닌 extra를 붙인 extraterrestrial은 지구 밖에 사는 생명체인 우주인, 외계인이고 약자로는 스티븐 스필버그 감독의 영화 제목이기도 한 E.T.야.

과거에 땅이 있다는 것은 사람이 살 수 있고 먹을 것을 재배할 수 있는 공간을 뜻해서 삶과 직접적인 관계를 지녔어. 그래서 terror는 땅을 빼앗고자 공포심을 유발하는 협박을 뜻했고 그에 따른 공포나 두려움도 의미하게 됐지. terror에서 나온 단어들은 사람에게 두려움을 느끼게 하는 단어로 많이 쓰이는데 terrorist는 공포를 주는 사람인 테러범, terrorism은 집단적인 폭력적인 행위인 테러리즘이야. terrible은 형용사로 공포를 느끼는 끔찍한, 지독한이고 terrify는 두려워하게 만드는 무섭게 하다야.

참고로 terra가 변화한 terior에 '안에'를 뜻하는 접두사 in을 붙인 interior는 안에 있는 땅을 의미해서 건물의 안쪽인 '내부'이고 접두사 ex를 붙인 exterior는 반대로 밖을 의미하는 '외부'를 말해.

110 firm 단단한, 확고한, 튼튼한; 회사

reconfirmation 재확인
rekuhn-fer-**mey**-shuhn

reconfirm 재확인하다
rekuhn-**furm**

affirmation 단언
af-er-**mey**-shuhn

confirmation 확인
kuhn-fer-**mey**-shuhn

confirm 확인하다
kuhn-**furm**

affirm 단언하다
uh-**furm**

farming 농업
fahr-ming

farm 농장
fahrm

firm 단단한; 회사
furm

firmly 단호히
furm-lee

farmer 농부
fahr-mer

law firm 법률사무소
law-furm

firmness 단단함
furm-nis

firm은 무언가에 흔들리지 않고 견고히 서 있는 어떠한 현상이나 상태를 표현한 영단어였어. 그래서 단단한, 확고한, 튼튼한이라는 형용사의 뜻으로 사용되고 법적으로 확실하게 승인되고 처리되는 회사라는 명사의 뜻으로도 쓰이게 되었지.

firm 뒤에 ly를 붙인 firmly는 부사로 단호히, 확고히라는 뜻이고 ness를 붙인 명사 firmness는 확고함, 단단함을 뜻해. 한국에서도 쉽게 볼 수 있는 로펌은 '법'을 뜻하는 law와 '회사'를 뜻하는 firm이 합쳐진 단어로 법률회사인 법률사무소를 말해.

firm 앞에 con을 붙인 confirm은 진짜임을 확실히 확인시키는 확인하다는 뜻으로 쓰이고, 명사 confirmation은 무언가가 사실임을 증명하는 확인을 의미하는 단어야. 앞에 re를 붙인 reconfirm은 다시 확인하는 재확인하다는 뜻으로 사용하고 reconfirmation은 재확인이라는 의미이지. firm 앞에 ad를 붙인 affirm은 자신의 뜻이 확고함을 의미하는 단언하다라는 뜻이고, 명사로 사용되는 affirmation은 단언을 의미해.

firm에서 철자 i를 a로만 바꾼 farm은 재배를 통해 매년 확실히 얻을 수 있는 고정된 수입을 의미했다가, 현재는 재배를 통해 이익을 얻어내는 장소인 농장으로 사용하고 있어. farm에서 나온 farmer는 농장에서 일하는 농부를 의미하는 단어이고 farming은 농업을 뜻해.

연습하기
빈칸에 적절한 뜻과 철자를 넣으세요.

```
                    terrorism
     terrorist        ↑        terrible
                                  ↗
 terrify  ←  terror       territory
                 ↑            ↑
   terrestri ⇌(변형) terra  →  terran  →  terrane
         ↓          ↓
   terrestrial    terrace
         ↓
   extraterrestrial
```

```
                    terror□□□ 테러리즘
     terror□□□ 테러범    ↑      terr□□□□ 끔찍한
                                    ↗
 terr□□□ 무섭게 하다 ← terr□□ 협박   territory 영토
                       ↑          ↑
   terrestri ⇌(변형) terra 땅, 지구 → terra□ 지구인 → terra□□ 지층
         ↓          ↓
   terrestrial 지구의   terra□□ 테라스
         ↓
   extraterrestrial 외계인
```

```
reconfirmation    reconfirm              affirmation
      ↑               ↑                       ↑
confirmation  ←   confirm              affirm
                      ↖    ↗
farming   ←   farm   ←   firm   →   firmly
    ↓            ↓         ↘
         farmer       law firm       firmness
```

```
reconfirmation 재확인    □□confirm 재확인하다   affirma□□□□ 단언
      ↑                      ↑                      ↑
confirm□□□□ 확인  ←  □□□firm 확인하다   □□firm 단언하다
                         ↖     ↗
farm□□□ 농업  ←  f□rm 농장  ←  firm 단단한; 회사  →  firm□□ 단호히
                   ↓              ↓                ↘
             farm□□ 농부    □□□firm 법률사무소   firm□□□□ 단단함
```

111 join 연결하다, 가입하다

conjunction 접속사
kuhn-**juhngkt**-shuhn
↑
conjunct 결합한
kuhn-**juhngkt**
↑
junction 교차로 ← **junct** 변형 **joint** 관절 ← **join** 연결하다, 가입하다
juhngk-shuhn   joint   join
juncture 시점 ↙ ↓
juhngk-cher   **adjunct** 부속물
               aj-uhngkt
adjunction 부가 ↙ ↓
uh-**juhngk**-shuhn   **adjunctive** 부속의
               uh-**juhngk**-tiv

conjoint 결합하는
kuhn-**joint**
↑
conjoin 결합하다
kuhn-**join**
↑
join 연결하다, 가입하다
join
↓
adjoin 붙어 있다
uh-**join**
↓
adjoint 수반행렬
aj-oint

join은 두 개 이상의 물체를 하나로 합하는 연결하다는 뜻과 회사나 단체에 연결이 되는 가입하다는 뜻이 있는 영단어야. 그래서 joiner는 협회나 단체에 가입하는 '가입자'나 '입회자'를 말하지. join 뒤에 t를 붙인 joint는 뼈와 뼈 사이를 연결하는 관절이나 연결부위를 뜻해.

과거에 joint가 라틴어로 쓰일 때 junct의 형태로 사용했어. 그 영향으로 junct에 접미사를 붙여 파생된 단어들이 현재까지도 사용되고 있어. 뒤에 ion을 붙인 junction은 자동차가 다니는 차도가 하나로 연결되는 교차로를 의미하고, 명사로 만드는 접미사 ure를 붙인 juncture는 시간 안에서 다른 무엇과 연결되는 상태인 시점을 뜻해.

join 앞에 con을 붙인 conjoin은 여러 가지 것들을 하나로 묶는 결합하다는 뜻이고 형용사로 쓰이는 conjoint는 결합하는을 뜻하는 단어야. junct 앞에 con을 붙인 conjunct는 형용사로는 결합한, 연결한을 뜻하고 여기에서 나온 conjunction은 문법에서 문장을 연결할 때 쓰이는 접속사를 말해.

join 앞에 ad를 붙인 adjoin은 어떠한 방향으로 연결되어있는 붙어 있다는 뜻이고, adjoint는 수학에서 쓰는 용어로 행과 열을 바꾸어서 만든 행렬인 수반행렬을 의미해. junct 앞에 ad를 붙인 adjunct는 부착되어 있는 부속물을 뜻하는데, 대학교에서 정교수 바로 아래 있는 '부교수'를 adjunct professor라고 말해.

adjunct에서 파생한 adjunction은 주제가 되는 것에 덧붙이는 부가나 첨가를 뜻하는 단어이고, adjunctive는 형용사로 부속의라는 의미로 사용해.

112 jet 분출, 제트기

objector 반대자
uhb-**jek**-ter

projection 예상, 영상
pruh-**jek**-shuhn

objection 반대
uhb-**jek**-shuhn

object 반대하다; 목적
uhb-**jekt**

projector 영사기
pruh-**jek**-ter

project 계획하다
pruh-**jekt**

adjective 형용사
aj-ik-tiv

adject 덧붙이다
uh-**jekt**

jet 분출, 제트기
jet

deject 낙담시키다
dih-**jekt**

inject 주입하다
in-**jekt**

injection 주사
in-**jek**-shuhn

dejection 낙담
dih-**jek**-shuhn

injector 주사기
in-**jek**-ter

jet는 원래 '던지다'를 뜻하던 프랑스어인데 지금은 물이나 용암이 화산에서 던져지듯 솟아오르는 분출과 연소 가스를 세게 내뿜어 추진력을 이용해 하늘에 던져지듯 나는 제트기를 의미해.

jet에 접두사를 붙여 파생어를 만들 때는 형태가 ject로 바뀌게 되었어.

jet 앞에 '앞의'를 뜻하는 pro를 붙인 project는 자신의 마음이나 생각을 미래나 앞을 향해 던지는 계획, 계획하다라는 뜻이야. projector는 앞으로 영상을 쏜다고 하여 영사기를 뜻하고 projection은 미래를 향해 내다보는 예상과 영사기를 통해 화면에 보이는 영상을 뜻해.

in을 붙인 inject는 안으로 던져지는 것을 의미해서 주입하다, 주사하다는 뜻이고 injection은 주사, 안에다 투입되는 주사기는 injector이지.

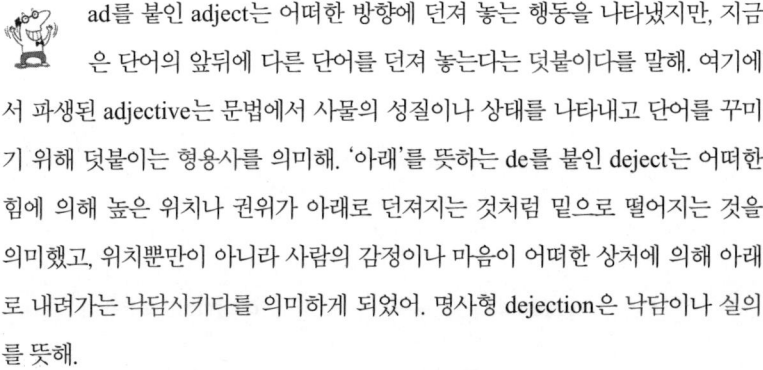 ad를 붙인 adject는 어떠한 방향에 던져 놓는 행동을 나타냈지만, 지금은 단어의 앞뒤에 다른 단어를 던져 놓는다는 덧붙이다를 말해. 여기에서 파생된 adjective는 문법에서 사물의 성질이나 상태를 나타내고 단어를 꾸미기 위해 덧붙이는 형용사를 의미해. '아래'를 뜻하는 de를 붙인 deject는 어떠한 힘에 의해 높은 위치나 권위가 아래로 던져지는 것처럼 밑으로 떨어지는 것을 의미했고, 위치뿐만이 아니라 사람의 감정이나 마음이 어떠한 상처에 의해 아래로 내려가는 낙담시키다를 의미하게 되었어. 명사형 dejection은 낙담이나 실의를 뜻해.

'반대, 저항'을 뜻하는 ob를 붙인 object는 동사로는 상대방의 의견에 반대의 의사표현을 던지는 반대하다, 항의하다이고 명사로는 이러한 논쟁의 근본적인 이유가 되는 목적이나 목적의 주체인 물체, 목적어를 뜻해. objector는 상대방의 의견에 저항하는 반대자, objection은 반대나 이의야.

연습하기
빈칸에 적절한 뜻과 철자를 넣으세요.

```
        conjunction              conjoint
            ↑                       ↑
         conjunct                 conjoin
            ↑                       ↑
junction    ← junct 변형 joint  ← join
juncture  ↙   ↓                    ↓
          adjunct                 adjoin
adjunction ↙  ↓                    ↓
         adjunctive              adjoint
```

```
        conjunct□□□ 접속사         conjoin□ 결합하는
            ↑                           ↑
        □□junct 결합한              □□join 결합하다
            ↑                           ↑
junct□□□ 교차로 ← junct 변형 join□ 관절 ← join 연결하다, 가입하다
junct□□□ 시점  ↙    ↓                     ↓
              □□junct 부속물           □□join 붙어 있다
adjunction 부가 ↙    ↓                     ↓
              adjunct□□□ 부속의         adjoin□ 수반행렬
```

```
                    objector
       projection      ↑      ↘ objection
          ↑         object
projector ← project   ↖  ↑
adjective ← adject ← jet
                    ↙  ↓
           deject    inject
              ↓        ↓    ↘ injection
          dejection injector
```

```
                          object□□ 반대자
         project□□□ 예상, 영상  ↑      ↘ object□□□ 반대
              ↑           □□ject 반대하다; 목적
project□□ 영사기 ← □□□ject 계획하다   ↖  ↑
adject□□□ 형용사 ← □□ject 덧붙이다 ← jet 분출, 제트기
                            ↙  ↓
              □□ject 낙담시키다   □□ject 주입하다
                   ↓              ↓   ↘ inject□□□ 주사
               deject□□□ 낙담   inject□□ 주사기
```

113 move 움직이다, 옮기다; 행동, 이동

mobile phone 휴대전화
moh-buhl-fohn

automobile 자동차
aw-tuh-muh-beel

motel 모텔
moh-tel

mobile 이동하는
moh-buhl

movie 영화
moo-vee

remote 먼
ri-moht

motion 동작
moh-shuhn

← **mote** 변형 **move** 움직이다 → **movement** 움직임
moov, moov-muhnt

emotion 감정
ih-moh-shuhn

remove 제거하다
ri-moov

→ **remover** 제거제
ri-moo-ver

emoticon 이모티콘
ih-moh-ti-kon

removal 제거, 해고
ri-moo-vuhl

움직인다는 것은 현재 있는 위치나 상태에서 다른 행동을 취하거나 옮기는 것을 의미해. move는 이러한 동작을 취하게 되는 움직이다, 옮기다라는 동사 뜻과, 이러한 동작 자체를 의미하는 행동이나 이동이라는 명사 뜻으로 사용하는 영단어야. move에서 나온 movement는 사람이나 사물이 동작하는 움직임이나 운동을 의미하고 이러한 '움직임이 있는 사람이나 사물'을 mover라고 해. move 앞에 re를 붙인 remove는 다른 곳으로 돌려보내는 내보내다는 뜻과 아예 없애 버리는 제거하다는 뜻이 있어. 그래서 remover는 없애버리는 제거제를 뜻하고 removal은 제거나 해고를 뜻하게 된 거야.

move를 과거 분사로 만든 단어가 이제는 사용하지 않는 mote인데 여기에서 파생된 motel은 장거리를 이동하는 여행자를 위한 숙박시설인 모텔을 의미하고, motion은 사물의 동작이나 움직임을 뜻하고 있어.
mote 앞에 '밖의'를 뜻하는 e를 붙인 emote는 자신의 마음이나 느낌이 움직이는 '감정을 과장되게 드러내다'는 뜻이었는데 이를 통해 사람이 느끼는 감정을 뜻하는 emotion이 나왔어. emotion에 icon을 붙인 emoticon은 아이콘을 이용해 감정을 표시하는 기호인 이모티콘을 말해.
move에서 나온 movie는 움직이는 대상을 촬영하여 화면에 담은 영화이고 mobile은 move와 접미사 able이 합쳐져서 이동하는, 이동식의를 뜻해. automobile은 자동으로 움직이는 자동차, mobile phone은 언제나 들고 다니며 전화를 하는 휴대전화를 말해. 실제로 미국에서는 자동차를 말할 때 car라고 하기보다 automobile을 줄여 auto라고 해. 참고로 휴대전화는 mobile phone과 cellphone 둘 다 많이 사용하는 표현이야.

114 local 현지의, 지방의; 주민, 현지인

locality 인근
loh-**kal**-i-tee

locale 현장
loh-**kal**

loc → **local** 지방의
loh-**kuhl**

localism 지방주의
loh-kuh-**liz**-uhm

location 위치
loh-**key**-shuhn

locate 정하다
loh-**keyt**

dislocate 탈구시키다
dis-loh-**keyt**

dislocation 탈구
dis-loh-**key**-shuhn

allocate 할당하다
al-uh-keyt

collocate 나란히 놓다
kol-uh-keyt

allocation 할당
al-uh-**key**-shuhn

collocation 배열
kol-uh-**key**-shuhn

loc은 어떠한 공간 안에 있는 한 장소를 의미했던 단어야. 그래서 loc에서 파생된 local은 지구 안에 있는 특별한 지역이나 장소를 표현하는 현지의, 지방의라는 의미가 있는 형용사로 쓰이고 나라 안에 있는 한 지역에 거주하고 있는 사람을 의미하는 주민이나 현지인으로도 쓰이지.

local에 ism을 붙인 localism은 자기 지방의 이익만을 내세우며 다른 지방 사람들은 멀리하고 배척하는 지방주의이고, 뒤에 ity를 붙인 locality는 어떠한 공간 안에 있는 한 장소나 장소에 가까운 인근을 뜻해. local 뒤에 e를 붙인 locale은 영화나 소설 속에 등장하는 일반적인 사건의 장소인 현장을 의미해.

loc 뒤에 ate를 붙인 locate는 건물 등을 세우기 위해 어떠한 위치나 장소를 찾아내는 장소를 알아내다, 정하다이고 명사로 쓰이는 location은 어떠한 일이 일어나거나 존재하는 곳인 위치를 뜻해. 방송국에서는 야외에서 하는 촬영을 로케이션이라고 말하는데 정확하게는 앞에 전치사 on을 붙인 on location이라고 말해야 하고 이는 '일반적인 촬영 장소에서 벗어난 장소'를 뜻해. locate 앞에 '분리'를 뜻하는 dis를 붙인 dislocate는 놓인 위치에서 떨어져 버리는 탈구시키다는 뜻이고 명사인 dislocation은 탈구를 의미해. '방향'을 나타내는 접두사 ad를 붙인 allocate는 사람들이 놓여 있는 위치를 향하여 각각 놓는 할당하다는 뜻이고 allocation은 몫을 나누어 주는 할당을 의미하지. 마지막으로 collocate는 연달아 함께 놓는다고 하여 나란히 놓다는 뜻이고 명사형 collocation은 일정한 가격에 놓여 있는 배열을 뜻하는 단어야.

연습하기

빈칸에 적절한 뜻과 철자를 넣으세요.

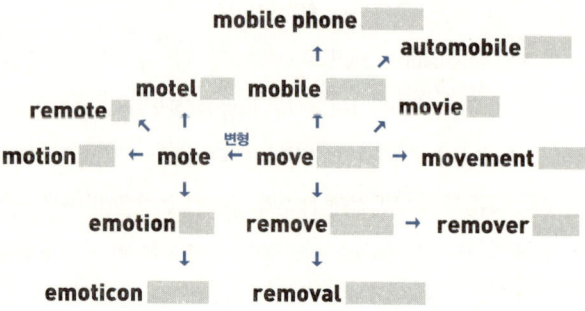

```
                    mobile phone 휴대전화
                         ↑      ↗ ☐☐☐mobile 자동차
         mote☐ 모텔   mo☐☐☐☐ 이동하는
  ☐☐mote 먼   ↖  ↑        ↑    ↗ mov☐☐ 영화
mot☐☐☐ 동작 ← mote ←변형 move 움직이다 → movement 움직임
                ↓              ↓
           ☐☐tion 감정    ☐☐move 제거하다 → remove☐ 제거제
                ↓              ↓
        emot☐☐☐☐ 이모티콘   remov☐☐ 제거, 해고
```

```
                locality
                   ↑      ↗ locale
          loc → local → localism
                   ↓
location ← locate → dislocate → dislocation
         ↙      ↘
    allocate   collocate
       ↓           ↓
   allocation  collocation
```

```
                local☐☐☐ 인근
                   ↑      ↗ local☐ 현장
          loc → loc☐☐ 지방의 → local☐☐☐ 지방주의
                   ↓
locat☐☐☐ 위치 ← loc☐☐☐ 정하다 → dislocate 탈구시키다 → dislocation 탈구
         ↙      ↘
    ☐☐locate 할당하다   ☐☐☐locate 나란히 놓다
       ↓           ↓
   allocat☐☐☐ 할당  collocat☐☐☐ 배열
```

115 **victory** 승리

conviction 확신, 유죄판결
kuhn-**vik**-shuhn

convince 확신시키다　　**convict** 유죄를 선고하다　→　**ex-convict** 전과자
kuhn-**vins**　　　　　　　kuhn-**vikt**　　　　　　　　　　eks-kuhn-**vikt**

vince →변형→ **vict** → **victor** 승리자 → **victory** 승리
　　　　　　　　　　　　　vik-ter　　　　　　vik-tuh-ree

evince 분명히 밝히다　**evict** 쫓아내다 → **eviction** 축출　**victorious** 승리한
ih-**vins**　　　　　　　ih-**vikt**　　　　　　ih-**vik**-shuhn　　vik-**tawr**-ee-uhs

　　evictor 퇴거시키는 사람　**evictee** 퇴거당한 사람
　　ih-**vik**-ter　　　　　　　　ih-**vik**-tee

지금은 쓰이지 않는 vince는 적과 싸워 승리하는 '이기다'라는 뜻을 지닌 단어였어. 이 단어가 분사로 쓰이면 vict로 모습이 변하는데 여기에 or을 붙인 victor라는 영단어가 생겨났어. victor는 전투에서 승리한 사람을 뜻하는 승리자이고 뒤에 y를 붙인 victory는 겨루어서 이기는 승리를 의미해. victory를 형용사로 만든 victorious는 승리한이나 승리를 거둔이라는 뜻으로 쓰이고 있어.

vince앞에 con을 붙인 convince는 논쟁에서 승리하여 자신의 말을 믿게 하는 확신시키다, 설득하다는 뜻이고 vince의 분사형인 vict에 전치사 con을 붙인 convict는 법으로서 승리하여 죄를 선포하는 유죄를 선고하다는 뜻이야. convince와 convict를 통해서 나온 명사가 conviction이고 convince의 뜻을 통해 생긴 확신이라는 뜻과 convict에서 파생된 뜻인 유죄판결이라는 두 가지 뜻이 있어. 앞에 '미리'나 '이전의'를 뜻하는 ex를 붙인 ex-convict는 전에 유죄를 선고받았던 전과자를 말해.

'밖의'를 뜻하는 e를 붙인 evince는 승리를 통해 '정복하다'는 뜻이었는데 전투에서의 승리가 아닌 언쟁이나 논쟁에서의 승리를 위해 '입증하다'는 뜻으로 변화되었고 지금은 입증하기 위해 증거나 사실을 정확히 캐내는 분명히 밝히다를 뜻해.

evict는 evince와는 다르게 승리를 통해 적을 밖으로 몰아내는 쫓아내다이고 eviction은 쫓아내거나 몰아내어 제거하는 축출이야. 뒤에 or을 붙인 evictor는 승리를 통해 남을 물러나게 하는 사람인 퇴거시키는 사람이고, 접미사 ee를 붙인 evictee는 반대로 퇴거당한 사람을 말해.

116 **proof** 증거, 증명

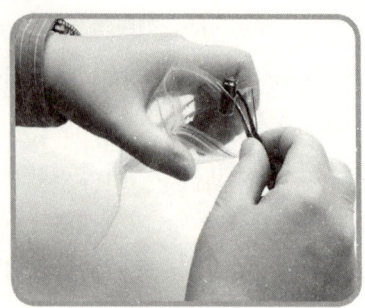

windproof 방풍의
wind-proof
↑
proof 증거, 증명 → **waterproof** 방수의   **probably** 아마
proof   waw-ter-proof   prob-uh-blee
↓   ↑
prove 입증하다 → **probe** 조사; 조사하다 → **probable** 있을 수 있는
proov   prohb   prob-uh-buhl
↓   ↓
approve 찬성하다 → **approval** 찬성   **improbable** 있을 것 같지 않은
uh-proov   uh-proo-vuhl   im-prob-uh-buhl
↓   ↓
disapprove 반대하다 **disapproval** 반대
dis-uh-proov   dis-uh-proo-vuhl

어떠한 사건이나 사고가 발생하게 되면 경찰은 범인을 잡고자 범인이 남긴 흔적인 증거를 찾는 데 노력할 거야. 이번에 배울 단어가 바로 증거나 증명을 의미하는 영단어 proof야. proof는 형용사로도 쓰이는데 어떠한 것으로부터 보호되는 것을 증명할 때 앞에 특정 단어를 붙여서 말해. '물'을 의미하는 water를 앞에 붙인 합성어 waterproof는 물로부터 보호되는 것을 증명하는 방수의이고, '바람'을 의미하는 wind를 붙인 windproof는 바람으로부터 보호되는 방풍의를 뜻해.

proof의 동사형은 prove이고 어떠한 사실에 대해 증거나 증명할 수 있는 입증하다는 뜻이야. prove에서 파생된 probe는 입증할 수 있는 증거를 찾는 조사, 조사하다는 뜻이고 probe 뒤에 able을 붙인 probable은 증거를 입증하는 것이 가능하여 생긴 있을 수 있는을 뜻해. 부사형을 만들기 위해서 뒤에 ly를 붙인 probably는 있을 것 같은 가능성을 의미하는 아마라는 뜻이고 앞에 '부정'을 나타내는 im을 붙인 improbable은 반대를 의미하는 있을 것 같지 않은을 뜻해.

prove에 접두사를 붙인 단어를 보면, 앞에 ad를 붙인 approve는 입증된 결과에 따르거나 수긍하는 찬성하다, 승인하다는 뜻이고 명사로 쓰이는 approval은 찬성, 승인을 의미해. '부정'을 나타내는 dis를 앞에 붙인 disapprove는 찬성에 동의하지 않는 반대하다이고 disapproval은 반대나 반감을 말해.

참고로 improve는 앞의 단어들과 모습은 비슷해도 proof의 동사형인 prove가 쓰인 단어가 아니라는 것을 알아둬. improve는 '안으로'를 뜻하는 im과 '이익'을 뜻하는 prou가 합쳐져서 자신 스스로 이익을 만들어 내는 '향상하다, 나아지다'를 뜻하는 영단어야.

연습하기
빈칸에 적절한 뜻과 철자를 넣으세요.

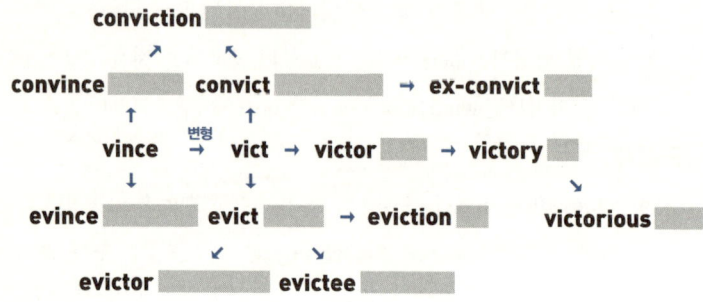

```
              convic□□□□ 확신, 유죄판결
             ↗        ↖
□□□vince 확신시키다  □□□vict 유죄를 선고하다  →  □□-convict 전과자
        ↑                ↑
       vince   변형→   vict  →  vict□□ 승리자  →  victor□ 승리
        ↓                ↓                                   ↘
 □vince 분명히 밝히다  □vict 쫓아내다 → evict□□□ 축출    victor□□□□ 승리한
                     ↙        ↘
           evict□□ 퇴거시키는 사람   evict□□ 퇴거당한 사람
```

```
           windproof
              ↑
   proof  →  waterproof         probably
     ↓                             ↑
   prove  →  probe     →   probable
     ↓                             ↓
  approve  →  approval       improbable
     ↓          ↓
disapprove  disapproval
```

```
           ☐☐☐☐proof 방풍의
              ↑
   proof 증거, 증명  →  ☐☐☐☐☐proof 방수의    probab☐☐ 아마
     ↓                                          ↑
   pro☐☐ 입증하다  →  pro☐e 조사; 조사하다  →  prob☐☐☐☐ 있을 수 있는
     ↓                                          ↓
  ☐☐prove 찬성하다  →  approv☐☐ 찬성    ☐☐probable 있을 것 같지 않은
     ↓                    ↓
☐☐☐approve 반대하다  disapprov☐☐ 반대
```

57

117 star 별

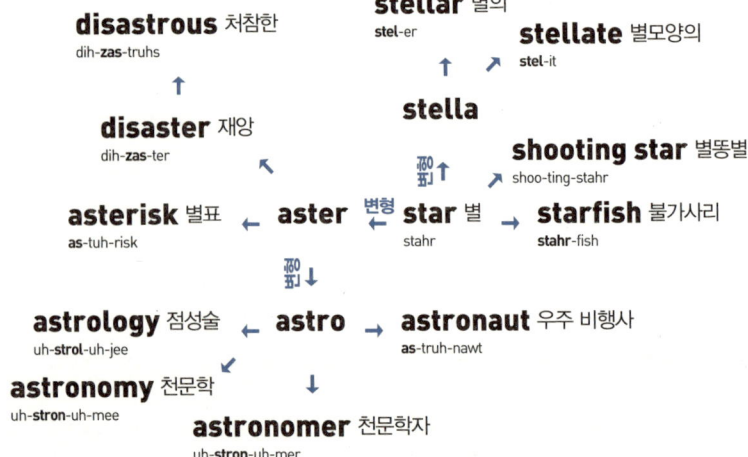

- **disastrous** 처참한
  dih-**zas**-truhs
- **disaster** 재앙
  dih-**zas**-ter
- **stellar** 별의
  stel-er
- **stellate** 별모양의
  stel-it
- **stella**
- **shooting star** 별똥별
  shoo-ting-stahr
- **asterisk** 별표
  as-tuh-risk
- **aster**
- **star** 별
  stahr
- **starfish** 불가사리
  stahr-fish
- **astrology** 점성술
  uh-**strol**-uh-jee
- **astro**
- **astronaut** 우주 비행사
  as-truh-nawt
- **astronomy** 천문학
  uh-**stron**-uh-mee
- **astronomer** 천문학자
  uh-**stron**-uh-mer

영어에서는 밤하늘에 떠 있는 별을 star라고 하는데, 재미있는 사실은 다른 나라에서도 star에서 철자를 조금씩 다르게 바꿔서 별을 표현했어. 그리스어는 aster, 라틴어와 프랑스어는 stella야. 그래서 이 단어들로부터 파생된 많은 단어는 별이라는 뜻을 지니고 있지만 단어의 생김새가 무척이나 다르지. 먼저 영단어 star에서 나온 단어를 보면, starfish는 별과 같은 생김새를 지닌 바다에서 서식하는 불가사리를 의미하고 shooting star는 밤하늘에 밝은 빛줄기를 형성하는 별똥별을 말해.

그리스어 aster에서 나온 단어를 보면, asterisk는 원래 아주 작은 별을 뜻했지만 현재는 별처럼 생긴 작은 형상을 의미하는 별표를 뜻해. 앞에 '제거된'을 뜻하는 dis를 붙인 disaster는 상징적인 의미로 마치 별이 사라진 것처럼 안 좋은 일이 일어난 것을 뜻해서 재앙이나 참사를 의미하고 형용사형인 disastrous는 처참한 을 뜻하지. 접두사 astro도 aster에서 파생했고 여기에 항해자를 의미하는 naut을 붙인 astronaut는 우주를 탐험하는 우주 비행사를 말해. astronomy는 우주의 구조와 천체를 연구하는 천문학이고 astronomer는 이러한 연구를 하는 사람을 의미하는 천문학자야. 그리고 astrology는 하늘에 떠있는 별을 보며 점을 보는 점성술을 뜻하지.

프랑스어 stella에서 파생되어 형용사로 쓰이는 stellar는 별을 표현하는 별의라는 뜻이고 stellate는 별모양의, 별 같은이라는 뜻이야. 참고로 앞에 con을 붙인 constellate는 별들이 한자리에 모여 있는 것을 의미하는 '성좌를 형성하다'라는 뜻이고 접미사 ion을 붙인 constellation은 별들이 모여 하나의 모양이나 형상을 만드는 '별자리'를 뜻하는 단어야.

118 press 인쇄기, 신문, 잡지, 언론; 누르다

decompressor 감압장치
dee-kuhm-**pres**-er

compression 압축
kuhm-**presh**-uhn

compressor 압축기
kuhm-**pres**-er

depression 우울증, 불황
dee-**presh**-uhn

compress 압축하다
kuhm-**pres**

express 표현하다; 신속한
ik-**spres**

depress 낙담시키다
dee-**pres**

impress 강한 인상을 주다
im-**pres**

press 언론; 누르다
pres

pressure 압력
presh-er

impression 인상
im-**presh**-uhn

impressionism 인상주의
im-**presh**-uh-niz-uhm

impressionist 인상파 화가
im-**presh**-uh-nist

press는 원래 인쇄기를 의미하다가 인쇄기를 통해 인쇄한 신문이나 잡지, 인쇄된 정보를 세상에 알리는 언론까지 뜻하게 됐어. 동사로는 인쇄하기 위해 힘을 가하는 누르다, 압력을 가하다를 뜻하고 명사형 pressure는 압력이나 압박을 의미하지.

impress는 사람의 마음 안에 인쇄된 것처럼 무언가가 찍혀져 있는 강한 인상을 주다, 감동을 주다이고 impression은 인상이나 감동인데 19세기 후반에서 20세기 초반 프랑스를 중심으로 유행한 인상주의가 impressionism, 인상파 화가는 impressionist야.

'아래'를 뜻하는 de를 붙인 depress는 사람의 마음을 아래로 누르는 낙담시키다, 경제가 아래로 눌려지는 침체시키다를 뜻하고 depression은 사람의 기분이 내려앉아 있는 심리상태인 우울증과 경기 침체를 뜻하는 불황을 의미해.

com을 붙인 compress는 함께 있는 모든 것을 눌러서 작게 만드는 압축하다, 요약하다, compression은 압축, 요약이고 compressor는 압축기야. decompressor는 반대로 압축된 것의 압력을 줄이는 감압장치나 컴퓨터에서 압축된 파일을 해제하는 압축 해제 프로그램을 말해.

'밖의'를 뜻하는 ex를 붙인 express는 원래 오렌지에 압력을 가해 과즙을 밖으로 뽑아내는 '짜내다'를 뜻했지만, 점차 자신의 생각을 밖으로 짜내어 작품을 만들어 표현한다는 것을 뜻하게 되었고 지금은 감정이나 의견 등을 말로써 나타내는 표현하다, 나타내다를 의미해. 또 express는 형용사로 신속한, 속달의를 뜻하는데, 원래는 자신의 생각을 목적에 맞게 정확히 작품에 표현하는 '분명한'을 의미했어. 그러나 나중에 목적에 맞게 빠르게 정확하게 도달하는 '급행열차'를 express train이라 부르기 시작하면서 '빠르고, 신속한 것'을 나타내게 된 거지.

연습하기
빈칸에 적절한 뜻과 철자를 넣으세요.

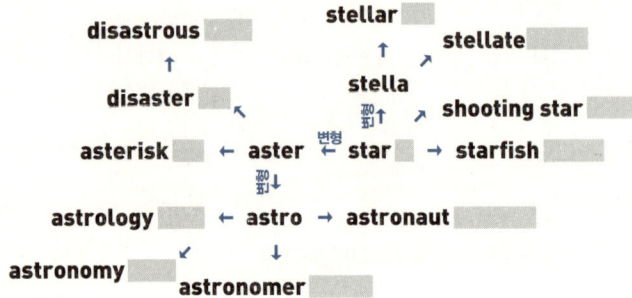

---

disast☐☐☐☐ 처참한
↑
☐☐**aster** 재앙 ↖
aster☐☐☐ 별표 ← **aster** ← **star** 별 → **star**☐☐☐☐ 불가사리
              짧↓ 변형
astro☐☐☐☐ 점성술 ← **astro** → **astro**☐☐☐☐ 우주 비행사
↙   ↓
astro☐☐☐☐ 천문학   **astronom**☐☐ 천문학자

stella☐ 별의
↑   ↗
     stella☐☐ 별모양의
stella
짧↑ ↗
         shooting star 별똥별

62

```
                                          decompressor
                        compression              ↑
depression                   ↑            compressor
    ↑                   compress            ↗
depress          ↖          ↑          ↗  express
impress          ←         press       →   pressure
    ↓
impression  →  impressionism
    ↓
impressionist
```

```
                                              □□compressor 감압장치
                        compress□□□ 압축            ↑
depress□□□ 우울증, 불황          ↑            compress□□ 압축기
    ↑                   □□press 압축하다          ↗
□□press 낙담시키다   ↖          ↑          ↗  □□press 표현하다; 신속한
□□press 강한 인상을 주다  ←  press 언론; 누르다  →  press□□□ 압력
    ↓
impress□□□ 인상  →  impression□□□ 인상주의
    ↓
impression□□□ 인상파 화가
```

119 legal 법과 관련된

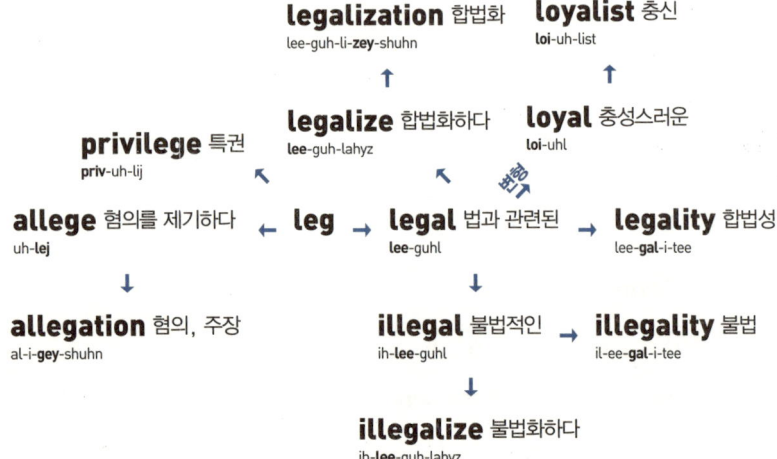

- **legalization** 합법화 — lee-guh-li-**zey**-shuhn
- **loyalist** 충신 — **loi**-uh-list
- **legalize** 합법화하다 — **lee**-guh-lahyz
- **loyal** 충성스러운 — **loi**-uhl
- **privilege** 특권 — **priv**-uh-lij
- **allege** 혐의를 제기하다 — uh-**lej**
- **leg**
- **legal** 법과 관련된 — **lee**-guhl
- **legality** 합법성 — lee-**gal**-i-tee
- **allegation** 혐의, 주장 — al-i-**gey**-shuhn
- **illegal** 불법적인 — ih-**lee**-guhl
- **illegality** 불법 — il-ee-**gal**-i-tee
- **illegalize** 불법화하다 — ih-**lee**-guh-lahyz

leg는 '법'을 의미하는 라틴어였는데, 여기에 '~와 관련된'을 뜻하는 접미사 al이 붙어서 형용사로 법과 관련된을 뜻하는 legal이 생겨났어. 뒤에 ity를 붙인 legality는 법에 어긋남이 없이 정확하게 맞는 것을 의미하는 적법성, 합법성을 뜻해. legal의 동사형인 legalize는 법령이나 규범에 맞게 하는 합법화하다를 뜻하고 legalize의 명사형인 legalization은 합법화나 법률화를 의미하지.

legal에 '부정'을 나타내는 접두사 in을 붙인 illegal은 형용사로는 법을 어기는 불법적인, 명사로는 타국에서 정식적인 절차를 거쳐서 머무는 것이 아니라 불법으로 체류하는 불법체류자를 의미해. illegal도 뒤에 ity를 붙이면 법에 어긋나는 불법을 뜻하는 illegality가 되고 동사형 illegalize는 불법화하다는 뜻이야.

leg 앞에 ad를 붙인 allege는 원래 법적인 장소에서 '자신을 증거 제출하다'라는 뜻으로 사용했지만 현재는 누군가에게 법적인 말로 잘못을 제시하는 혐의를 제기하다라는 뜻으로 사용되고 있어. 그래서 명사형 allegation은 혐의나 주장을 뜻하지.

leg 앞에 '개인'을 뜻하는 priv와 합쳐진 privilege는 자신만이 특별하게 법적인 권리를 가지게 되는 것을 뜻하는 특권을 말해.

과거에는 철자 g를 y로도 사용했기 때문에 legal이 loyal로 변형되기도 했어. loyal은 과거 왕이 지정한 법을 올바르게 따르는 것을 표현한 충성스러운을 뜻하고 뒤에 사람을 뜻하는 ist를 붙인 loyalist는 충성스럽게 일을 하는 충신을 의미해.

참고로 legal과 loyal 사이에서 나온 파생어가 leal인데 이 단어도 loyal과 비슷하게 '충실한'이라는 뜻이 있어.

120 regal 제왕의, 장엄한

royal 국왕의, 장엄한 → **royalty** 사용료
roi-uhl   roi-uhl-tee

real 레알
rey-ahl

regal 제왕의, 장엄한 → **regality** 왕위, 왕권
ree-guhl   ri-gal-i-tee

region 지역, 지방 ← **reg/rex** 왕 → **regina** 여왕
ree-juhn   reg   reks   ri-jahy-nuh

↓

regent 섭정
ree-juhnt

앞에 나온 legal과 철자가 비슷한 regal은 '왕'을 뜻하는 라틴어 reg, rex에 legal과 마찬가지로 '~와 관련된'을 뜻하는 접미사 al이 더해져 생겨난 단어야. 참고로 rex는 현대영어에서 나라를 대표하는 왕이라는 뜻으로 사용하고 있는데 rex에서 나온 regina는 여성의 이름 같기도 하지만 여왕을 뜻하는 단어야.

다시 regal로 돌아가서, regal은 왕이 가진 성향을 표현하는 제왕의, 장엄한이라는 뜻이야. 명사형 regality는 왕이 가진 권력인 왕위나 왕권을 의미해.

reg뒤에 ent를 붙인 regent는 왕을 대신해서 나라를 통치하는 섭정을 의미하고 reg와 ion이 만난 region은 원래 왕이 다스리는 큰 왕국을 의미하는 단어였지만 현재는 멀리 떨어진 지역이나 지방이라는 뜻으로 쓰이고 있어.

legal이 loyal로 바뀌어 사용된 것처럼 regal도 royal로 철자가 변형되어 사용하게 되었는데 regal과 비슷한 국왕의, 장엄한이라는 뜻을 나타내고 있어. royal에서 파생된 royalty는 왕의 가족인 왕족을 말하고 지금은 잘 쓰이지 않는 뜻이지만 왕의 가족으로서 왕에게 부여받는 절대적인 권리라는 뜻도 가지고 있었어. 여기에서 영향을 받아서 책을 쓰는 작가나 음악을 만드는 작곡가가 팔린 만큼 부여받는 권리인 사용료라는 뜻까지 가지게 됐어.

앞 페이지에서 legal과 loyal을 통해서 파생된 단어가 leal이라고 했는데 royal과 regal 사이에서 파생된 단어는 real이고 '진짜의, 현실의'라는 뜻을 지닌 real과는 발음도 뜻도 완전히 다른 단어로 과거 스페인에서 사용된 왕의 얼굴이 새겨져 있는 동전인 레알을 의미해. 그래서 스페인 축구팀에도 Real Madrid라는 이름을 가진 팀이 있는 거야.

스티븐 스필버그 감독의 1993년 작 쥐라기 공원(Jurassic Park)을 보면 거대한 티라노사우루스가 등장하는데 T. rex라고 해. 여기서 T는 영어인 Tyrannosaurus를 줄인 것이고 공룡 중의 왕을 의미해서 rex를 붙인 거야.

Tyrannosaurus는 철자수가 많아 어려워 보이지만 앞부분의 tyranno는 '폭군'이라는 뜻을 지닌 영단어 tyrant에서 나왔고 뒷부분의 saurus는 그리스어로 '도마뱀'을 의미해. 현재 공룡을 뜻하는 영단어인 dinosaur도 그리스어로 '공포'나 '두려움'을 뜻하는 dino와 saurus가 합쳐져 생겨났어.

다시 영화 이야기로 돌아가서, 쥐라기 공원은 스티븐 스필버그 감독이 1982년에 감독한 세계적으로 가장 흥행에 성공한 영화인 이티(E.T.)를 제치고 다시 한 번 흥행 1위를 차지해서 명실공히 최고의 블록버스터 감독임을 입증했어.

blockbuster에서 block은 '큰 빌딩의 덩어리'를 의미하고 buster는 합성어를 만들 때 사용하는 단어로 '폭탄'을 상징해서 block-buster는 큰 건물을 폭파시키는 것을 일컫는 말이야. 블록버스터 영화(blockbuster film)는 막대한 예산을 들여서 큰 폭파장면이나 화려한 액션장면을 연출하는 영화를 의미하기도 하고 영화계에서 막대한 흥행수입을 올린 영화를 말해.

참고로 세계 최초의 블록버스터 영화라는 칭호를 얻은 작품은 역시 스티븐 스필버그 감독의 작품으로 1975년 작 죠스(Jaws)라고 해.

연습하기

빈칸에 적절한 뜻과 철자를 넣으세요.

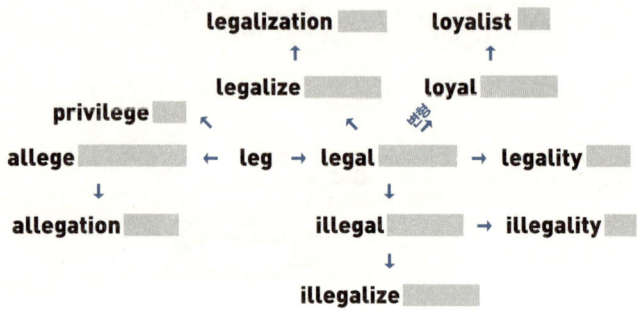

```
              legalization           loyalist
                   ↑                    ↑
                legalize              loyal
   privilege        ↖       ↖    변형)
allege    ←  leg  →  legal    →   legality
   ↓                   ↓
allegation          illegal    →  illegality
                       ↓
                   illegalize
```

```
                legaliz□□□□□ 합법화      loyal□□□ 충신
                      ↑                        ↑
                 legal□□□ 합법화하다         loyal 충성스러운
    □□□□□ege 특권        ↖          ↖    변형)
□□lege 혐의를 제기하다 ← leg → leg□□ 법과 관련된 → legal□□□ 합법성
         ↓                          ↓
alleg□□□□□ 혐의, 주장        □□legal 불법적인 → illegal□□□ 불법
                                    ↓
                             illegal□□□ 불법화하다
```

```
                    royal      → royalty
          real   ↙   왕↑
                  ↖ regal      → regality
                    ↗
region  ←  reg/rex  →  regina
            ↓
          regent
```

```
                         royal 국왕의, 장엄한  → royal□□ 사용료
               real 레알  ↙   왕↑
                          ↖ reg□□ 제왕의, 장엄한  → regality 왕위, 왕권
                           ↗
reg□□□ 지역, 지방  ←  reg/rex 왕  →  reg□□□ 여왕
                    ↓
                  reg□□□ 섭정
```

121 see 보다

overseer 감독관
oh-ver-see-er

foreseer 선견지명이 있는 사람
fawr-see-er

foresight 예지력
fawr-sahyt

oversight 감독, 실수
oh-ver-sahyt

oversee 감독하다
oh-ver-see

foresee 예견하다
fawr-see

sightsee 관광 여행하다
sahyt-see

see 보다
see

seer 예언자
see-er

sightseer 관광객
sahyt-see-er

sightseeing 관광
sahyt-see-ing

sight 시야
sahyt

insight 통찰력
in-sahyt

insightful 통찰력 있는
in-sahyt-fuhl

see는 눈을 이용해 사물을 보거나 감상하는 보다는 뜻의 영단어야. 뒤에 er을 붙인 seer는 일반적으로 보는 사람을 뜻하는데, 알 수 없는 먼 미래를 보는 예언자라는 뜻도 가지고 있어. see는 동사로 쓰이는 단어이기에 명사로 쓰기 위해 생겨난 단어가 sight이고 눈으로 볼 수 있는 시야나 광경을 의미해. see에 접두사를 붙인 단어들을 보면, 앞에 '전체'를 뜻하는 over를 붙인 oversee는 전체를 두루 살펴서 관찰하는 감독하다는 뜻의 단어이고 overseer는 감독하는 감독관을 의미해. 명사로 쓰이는 oversight는 이러한 전체적인 일을 하는 사람인 감독을 뜻하는데 전체적으로 보기 때문에 사소한 것을 못보고 지나친다는 데서 실수나 간과라는 뜻까지 생겨났어.

'미리'나 '앞'을 뜻하는 접두사 fore를 붙인 foresee는 미래를 내다보는 예견하다, 내다보다는 뜻이고 foreseer는 미래에 나타날 일을 미리 알고 대처하는 선견지명이 있는 사람을 뜻해. foresight는 미래를 보는 능력인 예지력을 말해.

sight 앞에 in을 붙인 insight는 정신적인 생각을 통해 다른 사람의 마음을 들여다보는 통찰력을 의미하고, 형용사로 쓰이는 insightful은 통찰력 있는이라는 뜻이야. 재미있게도 sight와 see가 합쳐진 sightsee는 유람하는 관광 여행하다는 뜻이고 sightseeing은 명사로 쓰여 관광, sightseer는 관광객을 말해.

122 visit 방문하다

visualize 상상하다
vizh-oo-uh-lahyz
↑

adviser 조언자   **visual** 시각의
ad-**vahy**-zer   vizh-oo-uhl
                              visa 비자
                              vee-zuh
↑   ↑   ↗

advise 충고하다 ← **vise** → **visit** 방문하다 → **visitor** 방문객
ad-**vahyz**   **viz**-it   **viz**-i-ter

↓   ↓   ↘

advice 충고   **revise** 수정하다   **supervise** 감독하다
ad-**vahys**   ri-**vahyz**   **soo**-per-vahyz
                 ↓   ↓   ↘
                                                supervisor 관리자
                                                soo-per-vahy-zer

                   revision 수정   **supervision** 관리
                   ri-**vizh**-uhn   **soo**-per-vizh-uhn

이번에는 '보다'는 뜻이 있는 라틴어에서 나온 vise에 대해 알아보자. vise는 너무나 많은 단어를 파생했기 때문에 뒤에서도 소개하도록 할게. 먼저 visit에 '방문하다'라는 뜻이 있는 건 대부분 알 거야. visit는 '보다'를 뜻하는 라틴어 vise와 '가다'를 뜻하는 라틴어 it이 합쳐진 영단어야. '가서 보는' 행위를 의미해서 방문하다는 뜻이 된 거야.

visit에서 나온 visitor는 방문하는 방문객을 의미해. visa는 다른 나라를 입국할 수 있게 자신을 보여서 확인시켜 주는 허가증명인 비자를 말하지. vise가 프랑스에서 사용되면서 모습이 visu로 변했는데 여기에 접미사 al을 붙인 visual은 눈에 보이는 것을 표현하는 시각의라는 뜻이야. visual에서 파생된 visualize는 마음속에서 그려보는 상상하다라는 뜻으로 사용하지.

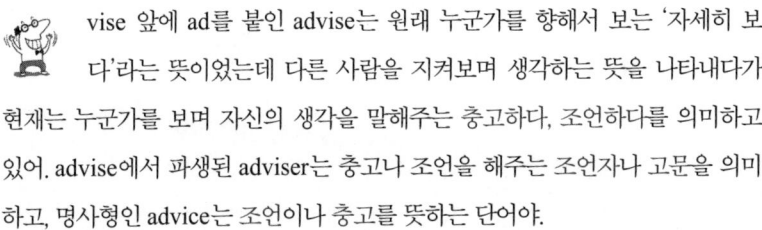 vise 앞에 ad를 붙인 advise는 원래 누군가를 향해서 보는 '자세히 보다'라는 뜻이었는데 다른 사람을 지켜보며 생각하는 뜻을 나타내다가 현재는 누군가를 보며 자신의 생각을 말해주는 충고하다, 조언하다를 의미하고 있어. advise에서 파생된 adviser는 충고나 조언을 해주는 조언자나 고문을 의미하고, 명사형인 advice는 조언이나 충고를 뜻하는 단어야.

앞에 re를 붙인 revise는 완성된 책이나 문서 등의 내용을 다시 봐서 고치는 수정하다, 개정하다는 뜻이고 revision은 수정이나 검토를 말해. 앞에 super를 붙인 supervise는 모든 것을 책임지고 살펴보는 감독하다는 의미이고 supervision은 관리나 감독을 뜻해. 이렇게 전체적으로 관리하는 관리자를 supervisor라고 해.

연습하기
빈칸에 적절한 뜻과 철자를 넣으세요.

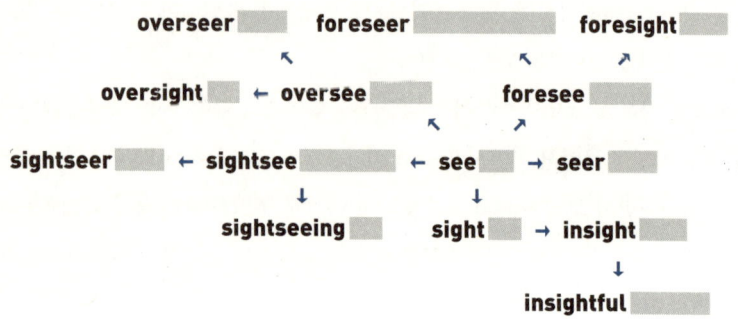

             oversee☐ 감독관   **foreseer** 선견지명이 있는 사람   **foresight** 예지력
                           ↖   ↖   ↗
over☐☐☐☐☐ 감독 ← ☐☐☐☐**see** 감독하다   ☐☐☐☐**see** 예견하다
                                     ↖   ↗
sightsee☐ 관광객 ← ☐☐☐☐**see** 관광 여행하다 ← **see** 보다 → **see**☐ 예언자
                                ↓   ↓
                 sightsee☐☐☐ 관광   **sight** 시야 → ☐☐**sight** 통찰력
                                                             ↓
                                                  insight☐☐☐ 통찰력 있는

```
                    visualize
                       ↑
adviser      visual        visa
   ↑           ↑         ↗
advise  ←  vise  →  visit  →  visitor
   ↓           ↓       ↘
advice     revise       supervise  →  supervisor
              ↓             ↓
           revision      supervision
```

```
                    visual□□□ 상상하다
                       ↑
advise□ 조언자   visu□□ 시각의
   ↑           ↑         ↗  □□□□ 비자
□□vise 충고하다 ← vise → visit 방문하다 → visit□□ 방문객
   ↓           ↓       ↘
advi□□ 충고   □□vise 수정하다   □□□□□vise 감독하다 → supervis□□ 관리자
                            ↓
                         supervis□□□ 관리
              revis□□□ 수정
```

77

123 vision 시야, 시력, 환상, 통찰력

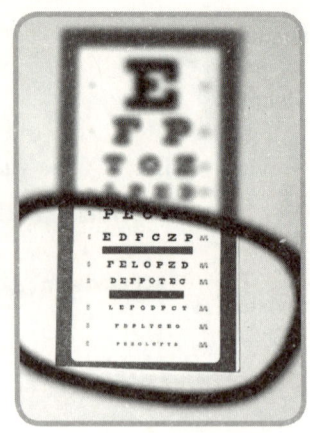

provision 공급 → **provide** 공급하다 → **provider** 공급자
pruh-**vizh**-uhn　　　　pruh-**vahyd**　　　　pruh-**vahy**-der
↑
vise → **vision** 시력, 환상, 통찰력　　**television** 텔레비전
　　　　　vizh-uhn　　　　　　　　　　　tel-uh-vizh-uhn
명사↓　　　↓
vide　　**division** 분할　→　**divide** 나누다　→　**divider** 디바이더
　　　　　dih-**vizh**-uhn　　　　dih-**vahyd**　　　　dih-**vahy**-der
↓　　　　　　　　　↓　　　　　　　**individual** 개인; 개인의
evidence 증거　　**dividend** 배당금　　in-duh-**vij**-oo-uhl
ev-i-duhns　　　　div-i-dend　　　　　　　↓
↓　　　　　　**individually** 개인적으로　**individuality** 개성
evident 눈에 띄는　in-duh-**vij**-oo-uh-lee　in-duh-vij-oo-**al**-i-tee
ev-i-duhnt
↓
evidently 눈에 띄게
ev-i-duhnt-lee

앞에서 나온 '보다'는 뜻의 vise에 ion을 붙인 vision은 눈을 통해 형체를 알아보는 **시야**나 **시력**을 뜻하고, 비록 눈에 보이지는 않지만 정신적인 생각을 통해 본다고 해서 **환상**이나 미래를 보는 **통찰력**을 뜻해. 여기에 '멀리'를 뜻하는 tele를 붙인 television은 멀리서 찍은 사물을 화면을 통해 보는 **텔레비전**을 의미하고 television station은 '방송국'을 말해.

앞에 '미리'를 뜻하는 pro를 붙인 provision은 미래에 나타날 일을 미리 보고 대비하는 **준비**라는 뜻이고 미래를 위해 미리 대비해서 물품을 나누어 주는 **공급**을 뜻해. 동사형 provide는 **제공하다, 공급하다**로 쓰이고 provider는 물품을 제공하는 **공급자**이지.

'분리'를 나타내는 di를 붙인 division은 보이는 것을 분리한다고 해서 **분할**이나 **분배**를 뜻하고 동사형 divide는 **나누다**는 뜻이야. divider는 컴퍼스 모양의 제도 용구로 치수를 분할하는 데 쓰는 **디바이더**이고 dividend는 회사에서 이익을 분배하는 **배당금**이지. divide 앞에 '부정'을 나타내는 in을 붙인 individual은 원래 나눌 수 없는 것을 뜻하는 '하나'를 의미했지만, 현재는 혼자인 사람을 뜻하는 **개인**이나 형용사로 **개인의**를 뜻해. 부사형 individually는 **개인적으로**를 뜻하고 individuality는 자신만이 독특하게 가지고 있는 성질인 **개성**을 말해.

vise가 변형된 vide 앞에 '밖의'를 뜻하는 e를 붙이고 명사로 만드는 접미사 ence를 붙이면 evidence가 되는데 처음엔 '밖에 있는 사물을 본다'는 뜻이었다가 현재는 어떤 사물이 정확히 증명되어 보이는 **증거**를 의미해. 형용사형 evident는 눈을 볼 수 있는 것을 표현하는 **눈에 띄는, 분명한**이고 부사형 evidently는 **눈에 띄게, 분명히**를 말해.

124 view 시각, 견해

reviewal 재조사   ←   **review** 검토; 논평하다   →   **reviewer** 비평가
ri-**vyoo**-uhl   ri-**vyoo**   ri-**vyoo**-er

↑

preview 시사회   ←   **view** 시각, 견해   →   **viewer** 시청자, 뷰어
pree-vyoo   vyoo   **vyoo**-er

↓   ↘ **overview** 개요
         oh-ver-vyoo

interviewer 면담자   ←   **interview** 인터뷰
in-ter-**vyoo**-er   in-ter-**vyoo**

↓

interviewee 면접 대상자
in-ter-vyoo-**ee**

이번에 나오는 view도 앞에서 배운 vise의 영향을 받아 생긴 단어이기 때문에, 마찬가지로 눈으로 보이는 시각이라는 뜻이 있고 눈을 통해 본 것에 대해 의견으로 내놓는 견해라는 뜻이 있어. view에서 나온 viewer는 눈으로 TV를 보는 시청자를 의미하고 컴퓨터로 그림이나 사진을 보는 뷰어를 말하기도 해.

앞에 re를 붙인 review는 명사로는 책이나 영화를 보고 글로 다시 평가하는 논평과 평가하기 위해 다시 보는 검토를 뜻하고 동사로는 논평하다, 재검토하다를 뜻해. reviewer는 이러한 논평을 하는 논평가나 비평가이고 reviewal은 다시 조사하는 재조사를 말해.

앞에 pre를 붙인 preview는 영화나 쇼 등을 사람들에게 공개하기 전에 미리 보여주는 시사회라는 뜻과 컴퓨터를 이용해서 정확한 사진을 보여주기 전에 일부를 미리 보여주는 프리뷰라는 뜻이 있어.

기자가 취재를 위해서 자신이 정한 사람과 가지는 면담을 인터뷰라고 하는데 영어로는 view 앞에 '사이에'라는 뜻을 지닌 접두사 inter를 붙인 interview라고 쓰면 돼. interview는 사람과 사람이 서로 보며 얘기를 나눈다고 해서 면담이라는 의미까지 가지게 되었고 회사에 취직하기 위해 시행하는 인터뷰를 뜻하기도 해. 회사에서 인터뷰하는 면담자를 interviewer라 하고 인터뷰를 받는 사람인 면접 대상자를 interviewee라고 해. overview는 전체적인 내용을 쉽게 볼 수 있게 간략하게 추려서 설명하는 개요라는 말이야.

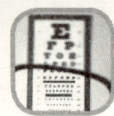

연습하기
빈칸에 적절한 뜻과 철자를 넣으세요.

```
                    provision      → provide      → provider
                        ↑
vise  →  vision              →  television
뜻↓           ↓
vide       division    → divide      → divider
    ↘          ↓          ↘      individual
     evidence         dividend         ↙        ↘
         ↓            individually      individuality
      evident
         ↓
      evidently
```

```
              □□vision 공급  → provi□□ 공급하다 → provide□ 공급자
                  ↑
vise → vis□□□ 시력, 환상, 통찰력  → □□□vision 텔레비전
뜻↓          ↓
vide     □□vision 분할 → divi□□ 나누다 → divide□ 디바이더
   ↘         ↓              ↘    □□dividual 개인; 개인의
   evidence 증거        divide□□ 배당금      ↙         ↘
       ↓                   individual□□ 개인적으로   individual□□□ 개성
   eviden□ 눈에 띄는
       ↓
   evident□□ 눈에 띄게
```

reviewal ← review → reviewer
　　　　　　　↑
preview ← view → viewer
　　　　　　　↓　↘
　　　　　　　　　overview
interviewer ← interview
　　　　　　　↓
　　　interviewee

---

review◻◻ 재조사 ← ◻◻view 검토; 논평하다 → review◻◻ 비평가
　　　　　　　　　↑
◻◻◻view 시사회 ← view 시각, 견해 → view◻◻ 시청자, 뷰어
　　　　　　　　　↓　　　↘
　　　　　　　　　　　◻◻◻◻view 개요
interview◻◻ 면담자 ← interview 인터뷰
　　　　　　　　　↓
　　　interview◻◻ 면접 대상자

125 expect 기대하다, 예상하다

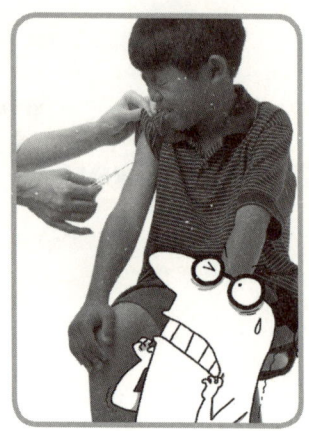

disrespect 무례
dis-ri-**spekt**

↑

respect 존경; 존경하다
ri-**spekt**

spy 첩자
spahy

spectacle 광경
spek-tuh-kuhl

↑

spectator 관람자
spek-tey-ter

expectation 예상　←　**expect** 예상하다　←　**spect**　→　**specter** 유령
ek-spek-**tey**-shuhn　　　　ik-**spekt**　　　　　　　　　　　　　　　**spek**-ter

suspect 의심하다　　**aspect** 관점
suh-**spekt**　　　　　　**as**-pekt

inspect 조사하다
in-**spekt**

inspector 조사관
in-**spek**-ter

↓

suspicion 의심　　**inspection** 조사
suh-**spish**-uhn　　　in-**spek**-shuhn

현재는 쓰이지 않는 spect는 무언가를 보는 '보다'를 뜻하던 라틴어였어. 여기서 나온 specter는 비록 눈으로 보는 것은 아니지만, 자신이 가진 생각이나 상상을 통해 보는 유령이라는 뜻과 유령처럼 사람에게 겁을 주는 무서운 것이라는 뜻하는 영단어야.

스포츠를 보기 위해 관람하는 관람자를 spectator라 하고 이렇게 사람들이 보는 하나의 큰 광경이나 구경거리를 spectacle이라고 해. spect가 프랑스로 가서 생겨난 영단어 spy는 다른 사람의 정보를 몰래 염탐해서 훔치거나 빼돌리는 첩자나 정보원을 의미해.

'다시'를 뜻하는 접두사 re를 붙인 respect는 눈뿐만이 아니라 자신이 가지고 있는 마음을 통해서도 다시 한번 보고 평가한다는 뜻이 있는 단어야. 그 사람이 지닌 인격이나 행동을 다시 보게 되어 공경하는 존경, 존경하다를 뜻하고 앞에 '반대'를 나타내는 dis를 붙인 disrespect는 반대되는 행동을 다른 사람이 보고 느끼는 무례나 결례를 뜻해.

spect 앞에 '밖의'를 뜻하는 접두사 ex를 붙인 expect는 앞으로 일어날 것을 본다는 기대하다, 예상하다는 뜻이고 명사형 expectation은 기대나 예상을 뜻해. '밑'을 뜻하는 sub를 붙인 suspect는 안 좋은 쪽으로 보게 되는 의심하다라는 뜻이고 명사형 suspicion은 의심이나 의혹이야. in을 붙인 inspect는 안을 향하여 자세히 보는 조사하다, 점검하다를 뜻하고 명사형 inspection은 조사나 점검을 말해. inspect에서 나온 inspector는 정부에서 고용된 검사관이나 무언가를 조사하는 조사관을 말하지.

마지막으로 spect에서 나온 aspect는 '보이는 방향'을 뜻하는 면이나 관점을 의미하는 단어야.

126 wait 기다리다

waitress 여성종업원 ← **waiter** 종업원
wey-tris　　　　　　　　wey-ter

↑

wait 기다리다 → **await** 기다리다
weyt　　　　　　　uh-**weyt**

↓

wake 깨다 → **awake** 깨다; 깨어 있는
weyk　　　　　uh-**weyk**

↓

watchful 지켜보는 ← **watch** 지켜보다; 시계 → **watcher** 연구가, 관찰자
woch-fuhl　　　　　　　woch　　　　　　　　　　　**woch**-er

wait는 처음에 먼 곳에서 적이 쳐들어오는지를 오랫동안 서서 지켜보는 '감시하다'는 뜻으로 쓰인 영단어였어. 이 뜻을 통해서 사람이나 때를 바라는 기다리다는 의미로 쓰이게 되었고 앞에 a를 붙인 await도 wait와 똑같이 기다리다라는 의미가 있어. wait에서 파생된 waiter는 식당에서 손님을 기다리고 맞이하는 종업원을 의미하고 '여성'을 의미하는 접미사 ess를 붙인 waitress는 여성종업원을 뜻하지.

wait가 변형되어서 사용된 단어가 wake야. wake는 적이 올 것을 대비해 늦은 밤까지 잠을 자지 않고 계속해서 깨어 있는 것을 의미했었는데 지금은 잠에서 일어나는 깨다, 깨우다라는 뜻으로 사용하고 있어. wake 앞에 a를 붙인 awake도 wake와 똑같이 깨다라는 뜻과 형용사로는 깨어 있는이라는 뜻으로 사용해.

wake에서 변형되어 나온 단어가 watch이고, 이 단어도 처음 쓰일 때는 깨어 있어서 적이 오는지를 지켜볼 수 있는 상태를 의미했어. 지금은 동사로는 주의를 기울여 살펴보는 지켜보다라는 의미와 명사로는 언제나 시간을 알 수 있게 보여주는 도구인 시계를 의미하고 있어. 사전에서 watch의 의미를 검색해보면 자주 쓰이는 뜻은 아니지만 '기다리다'와 '자지 않다'라는 뜻을 발견할 수 있을 거야. 그 이유는 위에서 설명한 것처럼 watch가 위의 단어들로부터 변형되어서 파생했기 때문이야. watch에서 나온 watcher는 계속해서 살펴보는 연구가나 관찰자를 의미하고 watchful은 형용사로 지켜보는을 뜻하는 영단어야.

연습하기
빈칸에 적절한 뜻과 철자를 넣으세요.

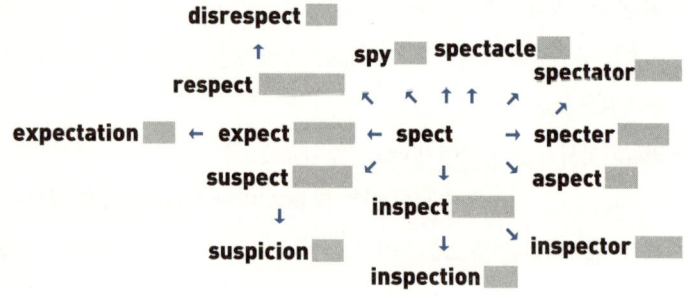

```
          ☐☐respect 무례
             ↑
     ☐spect 존경; 존경하다           spy 첩자   spect☐☐☐☐ 광경
                              ↖    ↑    ↗    spect☐☐☐☐ 관람자
expect☐☐☐☐☐ 예상 ← ☐☐pect 예상하다 ← spect → spect☐☐ 유령
          ☐☐spect 의심하다       ↙    ↓    ↘   ☐spect 관점
             ↓                 ☐☐spect 조사하다
     susp☐☐☐☐☐ 의심          ↓          ↘ inspect☐☐ 조사관
                           inspect☐☐☐ 조사
```

```
waitress        ← waiter
                   ↑
                 wait        →  await
                   ↓
                 wake        →  awake
                   ↓
watchful        ← watch       →  watcher
```

```
wait□□□□ 여성종업원  ←  wait□□ 종업원
                        ↑
                      wait 기다리다  →  □wait 기다리다
                        ↓
                      w□□e 깨다  →  □wake 깨다; 깨어 있는
                        ↓
watch□□□ 지켜보는  ←  wa□□□□ 지켜보다; 시계  →  watch□□ 연구가, 관찰자
```

127 **preserve** 보존하다, 지키다

reservation 예약
rez-er-**vey**-shuhn

reservist 예비군
ri-**zur**-vist

reserve 예약하다 ← **serve** →
ree-**surv**

preservation 보존
pri-zur-**vey**-shuhn

preservative 방부제
pri-**zur**-vuh-tiv

preserve 보존하다
pri-**zurv**

preserver 보존자
pri-**zur**-ver

observe 관찰하다
uhb-**zurv**

observatory 천문대
uhb-**zur**-vuh-tawr-ee

observation 관찰
ob-zur-**vey**-shuhn

observer 관찰자
uhb-**zur**-ver

1권에서 serve에는 '봉사하다, 섬기다'는 뜻이 있다고 설명했는데 이번에 나오는 serve는 비록 철자는 같지만, 전혀 다른 뜻인 '지켜보다, 보호하다'를 뜻해. serve에 다양한 접두사를 붙인 파생어를 알아보자.

앞에 pre를 붙인 preserve는 앞서 보호한다는 의미로 보존하다, 지키다를 뜻하고 preserver는 지키는 사람이 보호자나 지켜진 사람인 보존자를 의미해. preserve의 명사형인 preservation은 있는 그대로의 상태를 보호하고 유지하는 보존을 뜻하고 음식물이 상하지 않게 오랫동안 지켜주는 약인 방부제는 preservative라고 해.

 '따로'나 '분리'라는 뜻을 지닌 접두사 re를 붙인 reserve는 원래 권력을 지닌 사람들이 자신의 권한을 분배하여 가지는 '보유하다'는 뜻으로 쓰인 단어였어. 그러나 지금은 미래를 위해 따로 보호하는 보존하다는 뜻과 식당이나 호텔 등에 자신의 자리를 따로 마련하려는 예약하다는 뜻으로 쓰이게 되었어. 그래서 reservation은 자리를 미리 약속하는 예약을 뜻하고 reservist는 현역 군인이 아니라 현역을 마치고 전쟁 시 언제나 전투에 참여할 수 있도록 준비되어 있는 예비군을 말해.

앞에 ob를 붙인 observe는 사물을 향해 계속해서 주의 깊게 보는 관찰하다, 눈으로 보게 되는 목격하다라는 뜻이 있고 여기에서 나온 observer는 사물을 관찰하는 관찰자를 말해. 명사형인 observation은 관찰이나 주시를 의미하고 관찰할 수 있는 장소를 뜻하는 observatory는 별이나 날씨들을 관찰하고 조사하는 천문대를 말해.

128 reply 대답하다, 대응하다; 답신, 답장

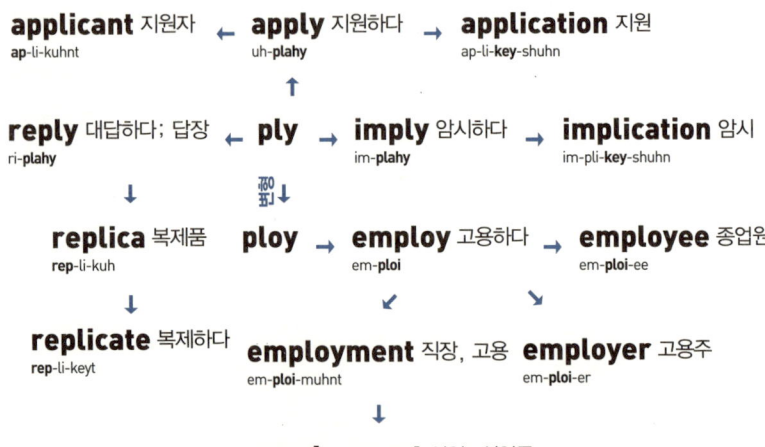

applicant 지원자 ← **apply** 지원하다 → **application** 지원
ap-li-kuhnt　　　　　　uh-**plahy**　　　　　　 ap-li-**key**-shuhn

reply 대답하다; 답장 ← **ply** → **imply** 암시하다 → **implication** 암시
ri-**plahy**　　　　　　　　　　　　　im-**plahy**　　　　　　im-pli-**key**-shuhn

replica 복제품　　**ploy** → **employ** 고용하다 → **employee** 종업원
rep-li-kuh　　　　　　　　　　　em-**ploi**　　　　　　　em-**ploi**-ee

replicate 복제하다　　**employment** 직장, 고용　**employer** 고용주
rep-li-keyt　　　　　　em-**ploi**-muhnt　　　　　　em-**ploi**-er

unemployment 실업, 실업률
uhn-em-**ploi**-muhnt

지금은 쓰이지 않는 ply는 종이나 천 등을 접혀서 꺾는 '접다'라는 의미였어. ply 앞에 im을 붙인 imply는 안으로 접어서 넣는 '감싸다'를 뜻했지만, 현재는 물체가 아닌 어떠한 진실이나 사실을 감싸면서 상대방에게 간접적으로 표현하는 암시하다를 뜻해. imply에 접미사 ic를 붙인 implic은 지금은 쓰이지 않지만, 여기에서 파생된 implication은 어떠한 정보를 넌지시 상대방에게 알리는 암시를 의미해. ply 앞에 '방향'을 나타내는 ad를 붙인 apply는 자신의 행동이나 습관 등을 접고 어떠한 단체나 모임이 지니고 있는 규율과 법칙에 '따르다'라는 뜻이 있었는데, 현재는 다른 곳에 자신이 연결되기를 시도하는 지원하다와 신청하다를 뜻하고 있어. application은 지원, applicant는 지원하는 사람인 지원자를 말해.

'다시'를 뜻하는 re를 붙인 reply는 접힌 편지를 받은 후에 다시 자신도 편지를 접어서 상대방에게 보내는 것을 뜻했고 이 뜻을 통해 상대방에게 말을 다시 전하는 대답하다, 대응하다라는 의미가 생겨났고 명사로는 답신, 답장을 의미해. reply에서 나온 replica는 말을 들은 후 다시 말하는 '대답'을 뜻하다가, 연속적으로 다시 말한다는 데서 '반복'을 뜻하기도 했지만, 이제는 말이 아니라 어떠한 작품이나 물건을 보고 다시 반복적으로 따라 만든다는 복제품을 뜻하고 동사형 replicate는 복제하다, 모사하다를 뜻해.

ply는 ploy로 모습이 변화했고 앞에 '안'을 뜻하는 em을 붙인 employ는 안으로 접어서 넣는 것을 의미하는 단어로 사람들이 일할 수 있도록 직장 안으로 넣는 고용하다를 뜻하고 employee는 종업원, employer는 고용주이지. employment는 직장이나 고용, unemployment는 직장이 없는 실업이나 실업률을 뜻해.

연습하기
빈칸에 적절한 뜻과 철자를 넣으세요.

```
    reservation              preservation
         ↑   ↗ reservist          ↑   ↗ preservative
    reserve  ←  serve  →  preserve  →  preserver
                  ↓
observation  ←  observe  →  observatory
                  ↓
              observer
```

```
reserv□□□□□ 예약                preserv□□□□□ 보존
    ↑   ↗ reserv□□□ 예비군         ↑   ↗ preservative 방부제
 □□serve 예약하다 ← serve → □□serve 보존하다 → preserve□ 보존자
                      ↓
observ□□□□□ 관찰 ← □□serve 관찰하다 → observ□□□□□ 천문대
                      ↓
                  observe□ 관찰자
```

```
applicant  ← apply  → application
                ↑
reply  ← ply → imply  → implication
  ↓      변화↓
replica      ploy → employ  → employee
  ↓            ↙        ↘
replicate  employment   employer
                ↓
          unemployment
```

appli□□□□ 지원자 ← □□ply 지원하다 → appli□□□□□□ 지원
　　　　　　　　　　　↑
□□ply 대답하다; 답장 ← ply → □□ply 암시하다 → impli□□□□□□ 암시
　↓　　　　　　변화↓
repl□□□ 복제품　　ploy → □□ploy 고용하다 → employ□□ 종업원
　↓　　　　　　　　　　↙　　　　↘
replica□□ 복제하다　employ□□□□ 직장, 고용　employ□□ 고용주
　　　　　　　　　　　↓
　　　　　□□employment 실업, 실업률

129 **complex** 복잡한; 복합건물, 강박관념

duplicity 이중성
doo-**plis**-i-tee

duplication 복사, 이중
doo-pli-**key**-shuhn

duplicator 복사기 ← **duplicate** 복제하다; 사본; 사본의
doo-pli-key-ter   doo-pli-keyt

multiplex 복합 상영관 ← **plex** → **duplex** 두 세대용 주택
muhl-tuh-pleks   doo-pleks

complex 복잡한; 복합건물   **simplex**
kuhm-**pleks**

↓ 변화

simple 단순한 → **simply** 간단히
sim-puhl   sim-plee

이번에는 앞에 나왔던 ply에 접미사 ic를 붙인 plic이 plex로 모습이 변화하면서 생겨난 파생어를 살펴보자. 먼저 '두 배'를 뜻하는 접두사 duo를 붙인 duplex는 미국에서 흔히 볼 수 있는 주택인데, 집은 하나이지만 두 개로 접은 두 세대용 주택이야. duplicate는 앞에서 배운 replicate와 같은 뜻으로 하나를 접어서 두 개로 똑같이 만드는 복제하다는 의미이고, 명사와 형용사로도 사용되어 원본을 그대로 베낀 사본과 사본의를 뜻해. duplicator는 복사를 할 수 있게 사용되는 복사기를 말해. 명사로 쓰이는 duplication은 복사와 이중을 뜻하고 접미사 ity를 붙인 duplicity는 두 가지의 성격을 지닌 이중성을 의미해.

plex 앞에 com을 붙인 complex는 여러 가지 것들을 복합적으로 접어서 생긴 것을 표현하는 복잡한이라는 뜻이 있지만 여러 가지 건물들이 복합적으로 섞여 있는 복합건물과 여러 가지 문제들이 복잡하게 마음속에 놓여 있고 떨쳐버리지 못하는 강박관념도 뜻해.

앞에 '다수'를 뜻하는 multi를 붙인 multiplex는 주위에서 흔히 볼 수 있는 여러 개의 상영관이 한 곳에 접해 있는 복합 상영관을 의미해. 참고로 multiple은 많은 수를 뜻하는 '다수의', 숫자를 갑절로 늘리는 '배수'를 뜻해. 접미사 ity를 붙인 multiplicity는 '다수', multiplication은 '곱셈'을 뜻해.

plex 앞에 '하나'를 뜻하는 sem을 붙인 simplex는 simple로 모습이 변했고 여러 가지가 접혀서 복잡해진 것이 아니라 오직 하나로 접은 것을 표현한 단순한, 간단한이야. 뒤에 부사로 만드는 ly를 붙인 simply는 간단히, 그냥을 뜻해.

130 supply 공급하다; 공급, 보급품

supply 공급하다
suh-**plahy**
→ **supplement** 보충
suhp-luh-muhnt

accomplishment 업적
uh-**kom**-plish-muhnt

ple

accomplish 성취하다
uh-**kom**-plish
← **comply** 따르다
kuhm-**plahy**

compliance 준수
kuhm-**plahy**-uhns

compliant 준수하는
kuhm-**plahy**-uhnt

complete 완료하다; 완전한
kuhm-**pleet**

compliment 칭찬
kom-pluh-muhnt

completely 완전히
kuhm-**pleet**-lee

completion 완료
kuhm-**plee**-shuhn

supply는 '아래'를 뜻하는 접두사 sub와 '가득한'을 뜻하는 full에서 변형된 ple가 합쳐지면서 생긴 단어야. 밑에서부터 무언가를 채운다는 데서 동사로는 공급하다를 의미하게 되었고 명사로는 공급이나 군인들에게 공급되는 보급품을 의미하게 되었어. supplement는 어떠한 것에 추가로 공급되는 것을 말하는 보충과 추가를 뜻하는데 특히 일반적인 건강에 필요한 보충제를 의미하는 경우가 많아. '비타민 보충제'는 vitamin supplements라 하고 '철분 보충제'는 iron supplements라고 해.

앞에 com을 붙인 comply는 원래 자신이 원하는 목표를 가득 채우는 '성취하다'는 뜻이었지만 현재는 사람들이 하나하나 정하고 채워서 완성한 법이나 규칙을 따르는 따르다, 준수하다를 뜻해. comply에 형용사로 만드는 ant를 붙인 compliant는 절차에 대해 순순히 따르는 순응하는, 준수하는이고 명사로 만드는 ance를 붙인 compliance는 규칙이나 명령을 따르는 준수를 뜻하지. comply의 '성취하다'라는 뜻에 접미사 ment를 붙인 compliment는 어떠한 일이나 연구 등을 성취해서 얻는 '공적'을 의미했지만, 현재는 이러한 업적을 통해서 사람으로부터 받게 되는 칭찬이나 찬사를 뜻하고 있어.

과거에 comply의 과거분사형이었던 complete는 끝까지 다 채우는 것을 의미해서 동사로는 완료하다, 끝내다라는 뜻과 형용사로는 완전한, 완벽한이라는 뜻이 있어. 부사로 쓰이는 completely는 완전히, 전적으로이고 명사인 completion은 완료나 완성을 의미하지.

comply에 접두사 ad와 동사를 만드는 접미사 ish를 붙인 accomplish도 무언가를 가득 채우는 것을 의미해서 comply가 원래 지녔던 뜻인 성취하다, 이룩하다라는 뜻이 있고 뒤에 ment를 붙인 accomplishment는 성취해서 얻게 되는 업적을 뜻해.

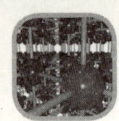

연습하기
빈칸에 적절한 뜻과 철자를 넣으세요.

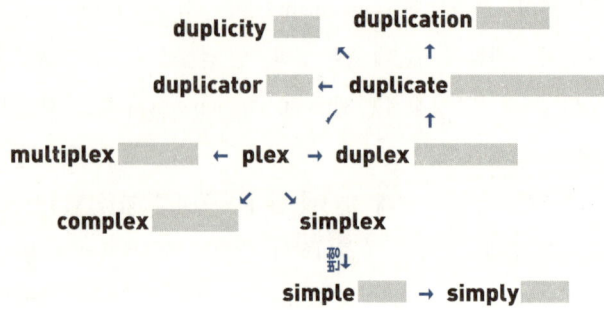

---

     duplic☐☐☐ 이중성 **duplicat**☐☐☐ 복사, 이중
           ↖ ↑
    duplicator 복사기 ← **duplicate** 복제하다; 사본; 사본의
             ↑
☐☐☐☐☐**plex** 복합 상영관 ← **plex** → ☐☐**plex** 두 세대용 주택
        ↙ ↘
   ☐☐☐**plex** 복잡한; 복합건물 ☐☐☐**plex**
        평↓
     simple 단순한 → **simpl**☐ 간단히

```
                         supply  →  supplement
                           ↑
accomplishment            ple
       ↑                   ↓          ↗ compliance
  accomplish  ←  comply  →  compliant
                           ↓          ↘ compliment
                        complete
                           ↓          ↘ completion
                        completely
```

```
                         supply 공급하다  →  supple□□□□ 보충
                           ↑
accomplish□□□□ 업적          ple
       ↑                   ↓          ↗ compl□□□□□ 준수
 □□compl□□□ 성취하다  ←  comply 따르다  →  compl□□□□ 준수하는
                           ↓          ↘ compl□□□□□ 칭찬
                        compl□□□ 완료하다; 완전한
                           ↓          ↘ complet□□□ 완료
                        complete□□ 완전히
```

131 **building** 건물, 건축

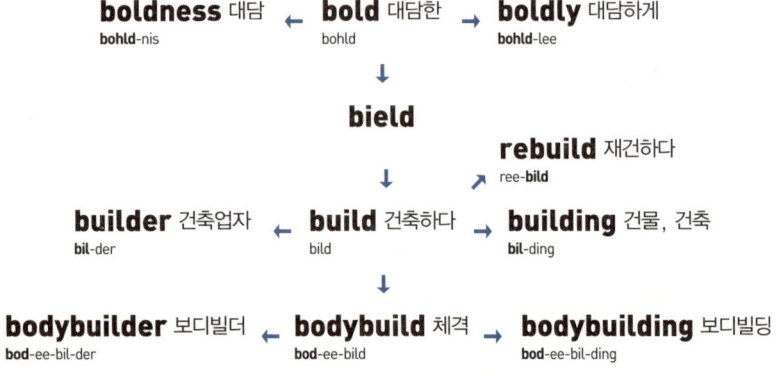

boldness 대담 ← **bold** 대담한 → **boldly** 대담하게
bohld-nis　　　　　bohld　　　　　　**bohld**-lee

↓

bield

↓　　　　　↗ **rebuild** 재건하다
　　　　　　　ree-**bild**

builder 건축업자 ← **build** 건축하다 → **building** 건물, 건축
bil-der　　　　　　bild　　　　　　　　**bil**-ding

↓

bodybuilder 보디빌더 ← **bodybuild** 체격 → **bodybuilding** 보디빌딩
bod-ee-bil-der　　　　　**bod**-ee-bild　　　　　**bod**-ee-bil-ding

사람이 거주하거나 일하기 위해 튼튼하게 세워진 건물을 빌딩이라고 하는데 빌딩이 나오게 된 어원이 바로 bold라는 단어야. bold는 사람의 성격을 표현하는 단어로 겁이 없고 용기가 있는 사람을 표현한 용감한, 대담한이라는 뜻이야. 현재는 잘 쓰이지 않지만 용감하고 강해 보인다는 데서 '튼튼한, 건강한'이라는 뜻을 가지기도 했고, 거기에서 굵은, 선명한이라는 뜻을 갖게 돼서 진하거나 굵은 글자체를 bold체라고 말해. 뒤에 부사로 만드는 ly를 붙인 boldly는 대담하게라는 뜻이고 boldness는 대담을 뜻해.

bold에서 나온 bield는 원래 bold를 동사로 만든 '튼튼하게 만들다'라는 의미였고 그 후 생긴 명사의 뜻은 튼튼하게 만들어진 '피난소'를 뜻했어. 그러나 현재는 거의 사용되지 않고 build를 파생했어. build는 무언가를 튼튼히 만들어 세우는 건축하다, 건물을 짓다라는 뜻이 있고 building이나 builder를 파생시켰어. building은 만들어서 세워진 건물이나 건축을 의미하고 builder는 집이나 건물을 짓는 직업을 가진 건축업자를 뜻해.

앞에 re를 붙인 rebuild는 이미 지었던 건물들을 다시 짓는 다시 세우다라는 뜻과 사라지거나 쇠퇴한 이념과 사상을 다시 새롭게 세우는 재건하다라는 뜻이 있어. build 앞에 '몸'을 뜻하는 body를 붙인 bodybuild는 육체적인 몸의 골격인 체격을 의미하고 bodybuilder는 운동을 통해 체계적으로 몸을 만드는 보디빌더를 뜻해. bodybuilding은 운동기구를 사용하여 근육을 발달시키는 몸을 키우는 보디빌딩을 말하는 거야.

132 construct 건축하다, 구성하다

destruction 파괴
dih-**struhk**-shuhn

construction 건설
kuhn-**struhk**-shuhn
↑
construct 건축하다
kuhn-**struhkt**
↓
constructor 건설자
kuhn-**struhk**-ter

destroy 파괴하다 → **destroyer** 파괴자
dih-**stroi**   dih-**stroi**-er
↑
destruct
↑
← **struct** →
↓
instruct 지시하다 → **instrument** 기구, 악기
in-**struhkt**   **in**-struh-muhnt
↓ ↘
instructor 강사 **instruction** 지시
in-**struhk**-ter   in-**struhk**-shuhn

structural 구조적인
struhk-cher-uhl

structure 구조
struhk-cher

struct는 현재는 쓰이지 않지만, 앞에서 배운 build와 같은 뜻으로 '건축하다, 세우다'를 의미했어. 현대영어에서 사용하는 structure는 건축하는 데 있어 건물의 핵심요소가 되는 구조를 뜻하고 형용사 structural은 구조적인이지.

참고로 structure에 '아래'를 뜻하는 접두사 infra를 붙인 infrastructure는 사회에서 가장 기본이 되는 '사회 기반시설'을 의미해. TV나 신문에 자주 등장하는 용어 '인프라'는 infrastructure를 줄여서 말하는 것이고 '사회 안에 구성되어 있는 경제적으로 가장 밑바탕에 깔린 기본적인 시설'을 말해.

struct 앞에 con을 붙인 construct는 struct의 뜻 그대로 건축하다를 의미하고 글이나 문장을 만들어내는 구성하다는 뜻도 있어. 명사 construction은 건물뿐만 아니라 도로나 교량 등을 만드는 건설을 의미하고 constructor는 이러한 것을 만드는 건설자나 건설 회사를 뜻해. '아래'를 뜻하는 de를 붙인 destruct는 현재 거의 사용하지는 않지만 파괴를 뜻하는 destruction과 세워진 건물이 아래로 무너지는 파괴하다를 뜻하는 destroy를 파생했어. destroyer는 파괴자야.

앞에 '방향'을 나타내는 in을 붙인 instruct는 건물을 세우는 것처럼 사람들에게 지식을 세워주는 가르치다는 뜻이 있고 권위를 가지고 가르치고 명령한다는 지시하다는 뜻도 있어. instructor는 학생들을 가르치는 강사를 뜻하고 instruction은 사람들이 알 수 있게 말하는 설명이나 명령하는 지시를 의미하지. instruct에서 파생된 instrument는 어떠한 결과를 세우거나 이루기 위해 사용되는 도구를 의미해서 과학적인 작업이나 결과를 세우기 위해 사용되는 기구와 음악에서 사용되는 기구인 악기라는 뜻이 있어.

연습하기
빈칸에 적절한 뜻과 철자를 넣으세요.

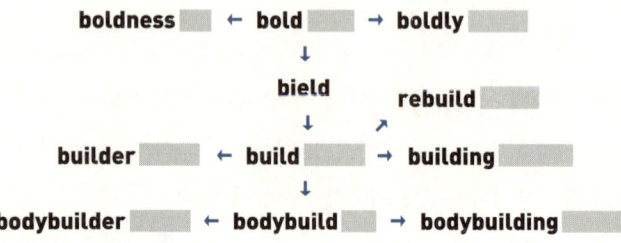

boldness ← bold → boldly
↓
bield
↓　↗ rebuild
builder ← build → building
↓
bodybuilder ← bodybuild → bodybuilding

---

bold☐☐☐☐ 대담 ← bold 대담한 → bold☐☐ 대담하게
↓
bield
↓　↗ ☐☐build 재건하다
build☐☐ 건축업자 ← build 건축하다 → build☐☐☐ 건물, 건축
↓
bodybuild☐☐ 보디빌더 ← ☐☐☐☐build 체격 → bodybuild☐☐☐ 보디빌딩

```
                    destroy      → destroyer
destruction           ↖  ↑
construction     destruct    structural
    ↑               ↑  ↗
construct    ←   struct  →  structure
    ↓               ↓
constructor      instruct   → instrument
                    ↓      ↘
                 instructor   instruction
```

```
                    destr□□ 파괴하다 → destroy□□ 파괴자
destruct□□□ 파괴         ↖  ↑
construct□□□ 건설   destruct   struct□□□□ 구조적인
    ↑                  ↑  ↗
□□struct 건축하다 ← struct → struct□□□ 구조
    ↓                  ↓
construct□□ 건설자   □□struct 지시하다 → instru□□□□ 기구, 악기
                       ↓      ↘
                    instruct□□ 강사   instruct□□□ 지시
```

133 **direct** 직접적인, 직행의; 향하다, 안내하다, 감독하다

rigidity 단단함, 강직
ri-**jid**-i-tee

↑

corrector 교정자   **rigid** 엄격한, 단단한 → **rigidify** 엄격하게 하다
kuh-**rek**-ter   **rij**-id   ri-**jid**-uh-fahy

↑   경화↓

   correct 정확한 ← **rect** → **erect** 세우다 → **erection** 설치
   kuh-**rekt**   ih-**rekt**   ih-**rek**-shuhn

↓ ↓

correction 정정   **direct** 직접적인; 감독하다 → **director** 영화감독, 임원
kuh-**rek**-shuhn   dih-**rekt**   dih-**rek**-ter

↓ ↘

direction 방향
dih-**rek**-shuhn

dress 옷; 옷을 입다
dres

↓

address 주소; 연설하다
uh-**dres**

약해서 휘는 것이 아니라 단단하게 세워져 있는 것을 나타내는 rigid는 사람의 태도나 행동이 어디에 치우치지 않고 근엄하게 서 있는 엄격한과 사물이 부서지지 않고 튼튼한 것을 의미하는 단단한을 뜻해. 명사형 rigidity는 단단함이나 강직, 동사형 rigidify는 엄격하게 하다를 뜻해.

rigid가 과거분사로 변형된 rect 앞에 e를 붙인 erect는 장애물이나 건물을 짓는 세우다는 뜻이고 뒤에 명사로 만드는 ion을 붙인 erection은 건물이나 장비 등을 세우거나 만드는 설치를 의미하지. con을 붙인 correct는 무엇이든지 바르고 정확하게 세워놓는 것을 의미해서 형용사로는 문제의 정답이 바로 세워져서 맞는 것을 표현한 정확한, 맞은이고 동사로는 실수한 것을 바로 세우는 정정하다, 바로잡다는 뜻이야. 명사형 correction은 틀린 것을 바로잡는 정정, corrector는 틀린 것을 바로잡는 사람인 교정자야.

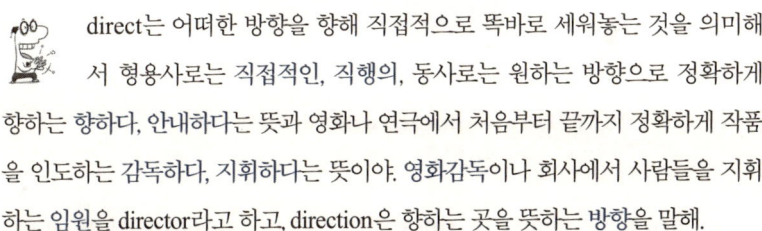 direct는 어떠한 방향을 향해 직접적으로 똑바로 세워놓는 것을 의미해서 형용사로는 직접적인, 직행의, 동사로는 원하는 방향으로 정확하게 향하는 향하다, 안내하다는 뜻과 영화나 연극에서 처음부터 끝까지 정확하게 작품을 인도하는 감독하다, 지휘하다는 뜻이야. 영화감독이나 회사에서 사람들을 지휘하는 임원을 director라고 하고, direction은 향하는 곳을 뜻하는 방향을 말해.

direct에서 나온 dress는 머리부터 발끝까지 정확하고 똑바르게 차려입은 드레스를 의미했지만 현재는 일반적인 옷까지 나타내고 동사로는 옷을 입다, 정장을 입다를 뜻해. dress 앞에 '방향'을 뜻하는 ad를 붙인 address는 명사로는 주소, 동사로는 연설하다를 뜻해. 현재 놓여 있는 곳에서 직접적으로 향해서 도착하는 정확한 장소가 '주소'이고 상대방과 대화를 하는 것이 아니라 본인이 직접적으로 사람들을 향해 말하는 게 '연설하다'이기 때문이야.

134 **doctor** (정식) 교수, 의사, 박사

doctrine 교리   **doctorate** 박사 학위
dok-trin   **dok**-ter-it
↑   ↑

docu —변형→ **doct** → **doctor** 의사, 박사 → **doctoral** 박사 학위의
                      dok-ter   **dok**-ter-ruhl
↓

document 서류 → **documentary** 서류의; 기록영화
dok-yuh-muhnt   dok-yuh-**men**-tuh-ree
                        ↓

         documentarian 다큐멘터리 감독, 다큐멘터리 작가
         dok-yuh-men-**tair**-ee-uhn
                        ↓

             documentalist 다큐멘탈리스트
             dok-yuh-**men**-tl-ist

지금은 쓰지 않는 영단어 doct는 '가르치다'는 뜻을 지닌 라틴어 docu의 과거분사형이었어. 그래서 doct는 학문적으로 뛰어난 '박식한, 학구적인'이라는 뜻을 지니게 되었고 여기에서 doctor라는 단어가 나오게 되었지. doctor는 원래 충분한 교육을 받은 선생님을 의미했지만 현재는 대학교에서 학생들을 가르치는 교수나 환자를 진료하는 의사를 뜻하는 단어로 많이 쓰이지. doctor는 일반적인 교수가 아닌 정식 교수를 의미하는데 정식 교수가 되려면 박사 학위가 꼭 필요하기에 박사 또한 doctor라고 말해.

doctor에서 파생한 doctorate는 대학에서 수여하는 박사 학위를 뜻하는 단어이고 형용사로 쓰이는 doctoral은 박사 학위의라는 뜻이야. doctrine은 종교적·정치적·학술적으로 해당 분야에 대해 가르치는 것을 의미해서 종교적으로 규정한 신앙의 체계를 가르치는 교리나 어떠한 현상의 근거를 제시하고 가르치는 이론이라는 뜻이 나오게 되었어.

docu에서 파생한 document는 원래 선생이 학생들을 가르치기 위해 일일이 적어놓은 교육 자료를 의미하였지만 현재는 글자로 기록된 서류나 문서를 의미하게 되었어. 그래서 document에서 파생된 documentary는 서류의라는 형용사 뜻과 교육하기 위해 실제 있었던 일들을 기록한 기록영화라는 뜻이 있어. documentary에서 나온 documentarian은 다큐멘터리를 제작하고 만드는 다큐멘터리 감독이나 다큐멘터리 작가를 의미하고 documentalist는 여러 가지 정보를 전문으로 정리하고 수집하는 사람인 다큐멘탈리스트를 말해.

연습하기
빈칸에 적절한 뜻과 철자를 넣으세요.

```
                        rigidity
                           ↑
    corrector      rigid          → rigidify
        ↑           변화↓
     correct   ←   rect   →   erect   →   erection
        ↓           ↓
   correction     direct        →    director
                    ↓         ↘
                  dress          direction
                    ↓
                 address
```

```
                        rigid □□□ 단단함, 강직
                           ↑
  correct □□ 교정자   rigid 엄격한, 단단한  →  rigid □□□ 엄격하게 하다
        ↑               변화↓
  □□rect 정확한   ←   rect   →   □rect 세우다   →   erect □□□ 설치
        ↓                ↓
 correct □□□ 정정    □□rect 직접적인; 감독하다  →  direct □□ 영화감독, 임원
                         ↓           ↘
                      dress 옷; 옷을 입다      direct □□□ 방향
                         ↓
                      □□dress ; 연설하다
```

112

```
                doctrine      doctorate
                   ↑              ↑
       docu  변형→  doct  →  doctor   →  doctoral
          ↓
   document  →  documentary
                     ↓
              documentarian
                     ↓
              documentalist
```

```
              doct□□□□ 교리     doctora□□ 박사 학위
                  ↑                  ↑
       docu  변형→  doct  →  doct□□ 의사, 박사  →  doctor□□ 박사 학위의
          ↓
   docu□□□□ 서류  →  document□□□ 서류의; 기록영화
                            ↓
              documentarian  다큐멘터리 감독, 다큐멘터리 작가
                            ↓
              document□□□□□ 다큐멘탈리스트
```

135 pure 순수한, 깨끗한

purifier 정화 장치
pyoor-uh-fahyurh

purification 정화
pyoo-ri-fi-**key**-shuhn

impurity 불순물
im-**pyoor**-i-tee

purity 청결
pyoor-i-tee

purify 깨끗이 하다
pyoor-uh-fahy

impure 불결한
im-**pyoor**

← **pure** 순수한
pyoor

→ **purely** 순수하게
pyoor-lee

poorness 부족, 빈곤
poor-nis

← **poor** 가난한
poor

→ **poorly** 가난하게
poor-lee

pauper 거지
paw-per

→ **poverty** 빈곤, 가난
pov-er-tee

pure는 무언가가 전혀 섞이지 않고 더러운 것이 아예 없는 순수한, 깨끗한이라는 형용사의 뜻으로 쓰이는 영단어야. 이 단어 뒤에 ly를 붙인 부사 purely는 순수하게, 깨끗하게라는 뜻이고 명사로 쓰이는 purity는 깨끗함을 뜻하는 청결이나 순도를 뜻하지. 동사로 사용된 purify는 물건이나 사람에게 붙어 있는 더러운 것을 닦아내는 깨끗이 하다, 정화하다라는 뜻으로 쓰여. purify에 er을 붙인 purifier는 불순하고 더러운 것을 깨끗하게 하는 장치인 정화 장치를 의미하고 purification은 정화를 뜻하는 단어야.

앞에 '부정'을 나타내는 im을 붙인 impure는 무언가가 섞여 있는 것을 표현한 불순물이 있는, 불결한이라는 뜻이고 명사로 쓰이는 impurity는 불순물, 불결이라는 의미로 쓰이지.

pure가 더러운 것이 전혀 없는 상태를 표현한다면 pure에서 파생되어 생긴 poor는 지니고 있는 것이 전혀 없는 것을 표현한 가난한, 불쌍한이라는 뜻의 단어야. 그래서 부사로 쓰이는 poorly는 가난하게, 저조하게라는 뜻이고 명사형 poorness는 부족이나 빈곤을 뜻하지.

명실공히 미국을 대표하는 소설가 중의 한 사람인 마크 트웨인의 작품 왕자와 거지의 원제는 The Prince and the Pauper야. 여기서 pauper는 a poor person을 의미하고 가난한 사람인 거지를 말하는 것이지. pauper에 접미사 ty를 붙인 poverty는 가난하여 살기가 어려운 빈곤이나 살림살이가 넉넉지 못한 가난을 뜻하는 단어야.

115

136 **computer** 컴퓨터

reputable 평판이 좋은
rep-yuh-tuh-buhl
↑
disputation 논쟁　　**repute** 명성, 평판　→　**reputation** 명성, 평판
dis-pyoo-**tey**-shuhn　　　ri-**pyoot**　　　　　　　　rep-yuh-**tey**-shuhn
↑　　　　　　　　↑
dispute 논쟁; 논쟁하다　←　**pute**　→　**compute** 계산하다
dih-**spyoot**　　　　　　　　　　　　　　　　kuhm-**pyoot**
↓　　　　　　　　↓　　　　　　　　↓
disputant 논쟁자　**impute** ~에게 돌리다　**computer** 컴퓨터
dih-**spyoot**-nt　　　im-**pyoot**　　　　　　　kuhm-**pyoo**-ter
↓
imputation 전가
im-pyoo-**tey**-shuhn

앞에서 배운 pure가 분사로 쓰이면 pute가 되고 나무에 가지를 베어 깨끗하게 만드는 것을 의미했어. 그러다가 잘린 가지의 숫자를 세는 '계산하다'라는 의미가 되었고 사람의 행동이나 말에 대해 계산해보고 평가한다고 하여 '생각하다'라는 의미가 됐어.

'계산하다'는 뜻의 pute에 com을 붙인 compute는 여러 숫자를 헤아리는 계산하다이고 computer는 대량 정보를 전자회로를 이용해 계산하는 초고속 전자계산기인 컴퓨터를 뜻해. 잠시 컴퓨터를 영어로 어떻게 표현하는지를 보자. 먼저 일반적인 '컴퓨터'는 책상 위에서 사용한다고 해서 desktop computer나 이 말을 줄여 desktop이라 하고 '휴대용 컴퓨터'인 노트북은 영단어 notebook으로는 거의 사용하지 않고 무릎을 뜻하는 lap과 top이 합쳐져 무릎에 놓고 쓰는 컴퓨터라 해서 laptop이라고 부르지.

'생각하다'를 뜻하는 pute와 '반대'나 '부정'을 나타내는 dis가 만난 dispute는 상대방의 말이나 행동에 반대로 생각하고 말을 해서 생기는 분쟁, 논쟁이고 동사로는 분쟁을 벌이다, 논쟁하다를 뜻해.

dispute에서 나온 disputant는 논쟁자이고 disputation은 dispute의 명사의 뜻과 같은 논쟁을 뜻해. repute는 dispute와는 반대로 좋게 사람을 생각해서 평가하는 명성과 평판이라는 뜻이야. 형용사로 쓰이는 reputable은 평판이 좋은이고 reputation은 repute와 같은 뜻으로 명성, 평판을 의미해.

pute 앞에 im을 붙인 impute는 안 좋게 생각된 것을 다른 사람에게 향하게 하는 ~에게 돌리다, 씌우다이고 명사 imputation은 죄나 잘못을 다른 사람에게 넘기는 전가를 뜻해.

연습하기

빈칸에 적절한 뜻과 철자를 넣으세요.

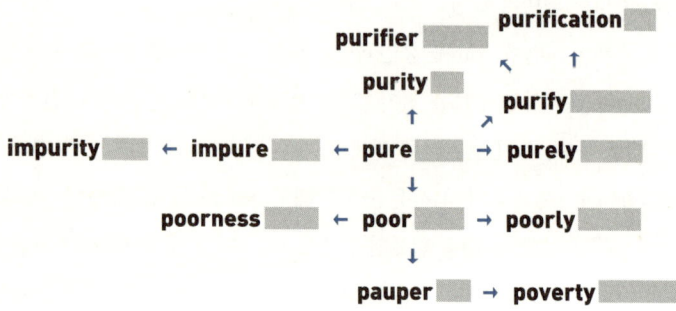

```
                           purifier          purification 정화
                           purif□□□ 정화 장치   ↑
                           pur□□□ 청결         ↖
                             ↑              pur□□□ 깨끗이 하다
impur□□□ 불순물 ← □□pure 불결한 ← pure 순수한 → pure□□ 순수하게
                             ↓
         poor□□□□ 부족, 빈곤 ← poor 가난한 → poor□□ 가난하게
                             ↓
                     pauper 거지 → poverty 빈곤, 가난
```

reputable ← **repute** → **reputation**
　　　　　　　　↑
dispute ← **pute** → **compute** → **computer**
　↙　↘　　　　　　↘ **impute** → **imputation**
disputant　**disputation**

reput□□□□ 평판이 좋은 ← □□**pute** 명성, 평판 → **reput**□□□□□ 명성, 평판
　　　　　　　　↑
□□□**pute** 논쟁; 논쟁하다 ← **pute** → □□□**pute** 계산하다 → **computer** 컴퓨터
　↙　↘　　　　　　↘ □□**pute** ~에게 돌리다 → **imputation** 전가
disput□□□ 논쟁자　**disput**□□□□□ 논쟁

137 whole 전체의, 전부의; 전체

wholeness 전체, 완전 ← **whole** 전체의; 전체 → **wholly** 전적으로
hohl-nis   hohl   hoh-lee

↓ 꿩표

hale → **heal** 치료하다 → **healer** 치료사
            heel   hee-ler

↓

health 건강 → **healthy** 건강한
helth   hel-thee

whole은 원래 상처로부터 사람이나 동물의 몸이 완벽하게 전부 치료되었음을 표현하는 단어로 몸 전체가 바르고 본래의 모습으로 돌아왔다고 하여 온전한, 완전한이라는 뜻이 있어. 후에 몸뿐만이 아닌 일반적인 사물 전부를 표현하게 되면서 전체의, 전부의라는 뜻이 되었고, 명사로도 쓰이게 되면서 전체를 뜻하게 되었지. whole에서 파생된 부사 wholly는 완전히, 전적으로이고, 명사 wholeness는 whole과 같은 전체라는 뜻과 완전이라는 뜻이 있어.

whole은 앞의 두 글자가 하나의 소리를 갖는 이중음자야. 과거에 이러한 글자들은 h에서 파생되어 나온 경우가 많았고 때로는 앞뒤가 바뀐 hw로 사용하기도 했었어. 영어로 육하원칙을 나타내는 단어 대부분이 wh로 시작하지만 how만 h로 시작해. 사실 과거에는 how도 다른 단어들처럼 앞이 wh인 whow로 사용했지만 현대영어로 오면서 형태가 바뀌고 지금의 모습을 가지게 된 거야.

 whole도 과거에는 앞의 w가 없고 지금의 철자와는 조금 다른 hale이라는 단어로 사용했어. 지금은 사용하지 않지만 이 단어를 통해 영단어 heal이 나왔어.

whole은 원래 사람이나 동물의 몸을 상처로부터 완전케 한다고 했지. 그 뜻을 통해서 heal은 사람이나 동물을 상처로부터 고치는 치료하다, 고치다는 뜻이 되었고 healer는 병을 고치는 치료사를 말하게 되었어. 접미사 th를 붙인 health는 몸이나 마음을 튼튼히 하는 건강이라는 뜻과 건강을 온전하게 잘 지키는 보건을 의미해. 그래서 건강하고 탄탄한 몸을 만들기 위해 사람들이 운동하러 가는 곳을 health club이라고 하는 거야. health에서 파생된 healthy는 형용사로 건강한이고 정신적으로나 육체적으로 튼튼하고 바른 건전한이라는 뜻도 지니고 있지.

138 fit 알맞은, 적합한, 건강한; 맞다, 적절하다; 적합

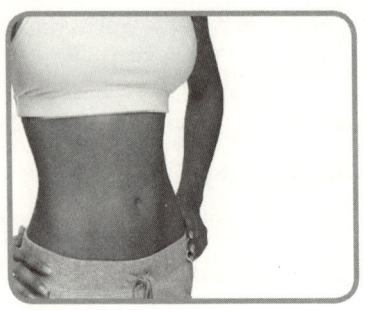

fitter 정비공
fit-er

outfit 야외에서 입는 복장
out-fit

fitness 건강
fit-nis

fit 알맞은; 적절하다; 적합
fit

fitting 어울리는
fit-ing

beneficence 선행
buh-**nef**-uh-suhns

benefit 혜택
ben-uh-fit

profit 이익
prof-it

proficiency 숙달
pruh-**fish**-uhn-see

beneficent 도움을 주는
buh-**nef**-uh-suhnt

proficient 능숙한
pruh-**fish**-uhnt

fit는 형용사, 동사, 명사로 다양하게 쓰이는 단어지만 그냥 쉽게 무언가가 딱 맞는 것을 fit이라고 생각하면 돼. 형용사로는 무언가가 정확하게 맞는 알맞은, 적합한이라는 뜻과 몸이 균형 있고 튼튼한 건강한이라는 뜻이 있어. 동사로는 무언가가 정확히 알맞은 맞다, 적절하다이고 명사로는 알맞게 들어맞은 적합을 뜻하지.

fit가 무언가 적합하고 알맞은 것을 표현하기에 fitting은 어울리는이라는 형용사로 쓰여. 그래서 fitting room은 백화점이나 옷가게에서 옷을 갈아입어 보고 어울리는지 확인하는 '탈의실'을 의미하고, fitting shop은 물건을 알맞게 조립하는 장소인 '조립공장'을 뜻해.

fit에 추상명사로 만드는 ness를 붙인 fitness는 신체가 정신적으로나 육체적으로 튼튼한 건강이나 신체를 건강하게 만드는 신체단련을 뜻해서 fitness club은 '건강을 단련하는 장소'를 의미해. fitter는 기계나 부품을 조립하는 정비공을 의미하고 fit 앞에 out을 붙인 outfit은 야외에서 입는 복장을 의미하거나 야외에서 활동할 수 있게 도와주는 장비 도구로 쓰이는 단어야.

앞에 '좋은, 선한'이라는 뜻의 bene를 붙인 benefit는 원래 바르고 선한 것을 의미했지만, 현재는 무언가가 알맞게 도움이 되는 것을 뜻하는 혜택이나 이득을 말해. 그래서 beneficent는 다른 사람에게 도움을 베푸는 도움을 주는이고 beneficence는 선행을 의미해. 앞에 pro를 붙인 profit은 남보다 앞서서 일을 적합하게 잘해서 그에 따르는 이익이나 이득을 뜻해. 명사로 쓰이는 proficiency는 남보다 앞서서 배워서 금방 익숙해지는 숙달이고, 형용사인 proficient는 능숙한을 뜻해.

연습하기
빈칸에 적절한 뜻과 철자를 넣으세요.

wholeness [　　] ← whole [　　　] → wholly [　　]
　　　　　　　　　　　　變化↓
　　　　　　　　hale → heal [　　] → healer [　　]
　　　　　　　　　　　　　↓
　　　　　　　　　　health [　] → healthy [　　]

---

whole[□□□□] 전체, 완전 ← whole 전체의; 전체 → whol[□□] 전적으로
　　　　　　　　　　　　變化↓
　　　　　　　hale → [□□□□] 치료하다 → heal[□□] 치료사
　　　　　　　　　　　　↓
　　　　　　　heal[□□] 건강 → health[□] 건강한

```
                    fitter              outfit
                       ↖         ↗
        fitness  ←  fit  →  fitting
                       ↙   ↘
beneficence ← benefit        profit → proficiency
                ↓                ↓
            beneficent       proficient
```

```
                    fit□□□ 정비공     □□□fit 야외에서 입는 복장
                            ↖         ↗
        fit□□□□ 건강  ←  fit 알맞은; 적절하다; 적합  →  fit□□□□ 어울리는
                            ↙   ↘
beneficence 선행 ← □□□fit 혜택      □□fit 이익 → profi□□□□□ 숙달
                       ↓                    ↓
                beneficen□ 도움을 주는   proficien□ 능숙한
```

139 **exit** 출구, 비상구

exit 출구, 비상구
ek-sit

↑

it → **ambit** 영역, 범위 → **ambition** 야망 → **ambitious** 야심 있는
　　　　am-bit　　　　　　　am-**bish**-uhn　　　　　am-**bish**-uhs

↓

transit 수송, 통과 → **transition** 변화, 과도
tran-sit　　　　　　　tran-**zish**-uhn

↓

transitive verb 타동사 → **intransitive verb** 자동사
tran-**sit**-ive-vurb　　　　　in-tran-**sit**-ive-vurb

앞에서 visit는 '보다'는 뜻의 vis와 '가다'는 뜻의 it가 합쳐져서 '방문하다'를 뜻하게 되었다고 했는데, 이번에는 '가다'를 뜻하는 라틴어 it에서 파생한 단어들을 살펴보자.

'주위'나 '회전'을 뜻하는 amb를 붙인 ambit은 원래 앞으로 향해 나아갈 수 있는 주변에 둘려진 공간을 뜻했고 현재는 눈에 보이는 영역이나 범위를 뜻해. 접미사 ion을 붙인 ambition은 눈에 보이는 공간이 아닌 눈에 보이지 않는 생각이나 꿈을 자신의 마음속에 둘러싸서 앞으로 향해 넓혀가는 야망이나 포부를 뜻하고 ambitious는 이러한 야망이 가득한 것을 표현한 야심 있는으로 'Boys, be ambitious!'(소년이여, 야망을 품어라!)라는 말을 들어봤을 거야.

참고로 '주변을 걷다, 이동하다'를 뜻한 ambul에서 나온 ambulant는 병에 걸린 환자가 치료 후 주위를 걷는 것을 표현한 '걸어 다닐 수 있는'이고, ambulance는 병에 걸린 환자를 병원으로 빠르게 이동시키는 '구급차'가 되었어.

it 앞에 '넘다, 초월하다'는 뜻을 지닌 trans를 붙인 transit는 다른 곳으로 넘어가는 수송이나 통과를 뜻하고 transition은 다른 상태로 넘어가는 변화나 과도라는 뜻이야. 영문법에서 목적어를 취하는 동사인 타동사를 transit에서 파생된 transitive verb라고 하는데 동사에 목적어가 필요해서 통과하며 지나가기 때문이야. 통과하지 못하고 자신을 스스로 받아들이는 동사인 자동사는 앞에 '부정'을 나타내는 in을 붙인 intransitive verb라고 해.

'밖의'를 뜻하는 ex를 붙인 exit는 밖으로 나가는 것을 의미하는 출구야. 비상구를 뜻하기도 하는데 emergency exit나 fire exit를 줄여서 말하는 거야.

140 train 기차; 훈련하다

trainee 훈련생 **trainer** 트레이너
trey-**nee** trey-ner

track 트랙 ← **trace** 추적하다 ← **trail** 끌다; 자국 ← **train** 기차; 훈련하다
trak treys treyl treyn

↓ ↓ ↓ ↓

traction 견인 **tracer** 추적자 **trailer** 트레일러 **training** 훈련
trak-shuhn trey-ser trey-ler trey-ning

↓

tractor 견인차
trak-ter

train은 원래 앞에서 가면 뒤에서 줄을 지어 끌어가는 '무리'나 '행렬'을 뜻하다가 기관사가 앞칸의 엔진을 작동시켜 뒤칸을 끌어당기는 기차를 뜻하게 된 영단어야. 동사로도 쓰여서 처음부터 끝까지 올바르게 운동을 이끌어 주고 가르쳐 주는 훈련하다라는 뜻이야. 뒤에 er을 붙인 trainer는 운동을 체계적으로 가르쳐 주고 이끌어 주는 트레이너를 말해. 뒤에 ee를 붙인 trainee는 트레이너로부터 교육을 받는 훈련생을 의미하고 training은 교육이나 훈련을 뜻해.

train에서 나온 trail은 동사로는 끌다, 명사로는 끌려서 생기게 된 자국, 자취를 의미해. trailer는 트럭이나 자동차 뒤에 고정되어 끌려가는 바퀴 달린 트레일러를 의미하고 영화의 예고편이란 뜻이 있는데 영화 개봉 전에 관객들의 관심을 미리 끌고 오려고 만든 예고 영상을 말하는 거야.

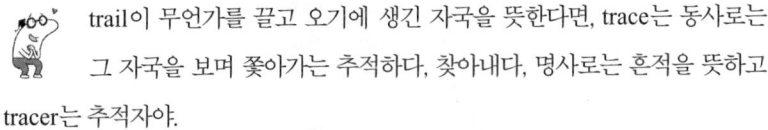

trail이 무언가를 끌고 오기에 생긴 자국을 뜻한다면, trace는 동사로는 그 자국을 보며 쫓아가는 추적하다, 찾아내다, 명사로는 흔적을 뜻하고 tracer는 추적자야.

trace에서 파생된 track은 처음엔 산이나 모르는 길을 갈 때 사람들이 밟고 지나간 흔적이 있는 길이나 통로를 의미했어. 현재는 운동할 때 다른 길로 벗어나지 않고 자신의 길을 갈 수 있게 만든 racetrack이나 음악의 track을 뜻해. 요즘은 mp3 파일을 이용해 음악을 듣지만 과거에는 레코드판을 이용해서 음악을 들었어. 곡마다 트랙을 정해서 순서에 맞게 곡을 저장해 놓은 레코드판은 턴테이블을 통해 들을 수 있었어. 턴테이블의 전축 바늘이 트랙을 벗어나면 판이 튀어서 음악을 재생할 수 없었어. 레코드판의 트랙처럼 음반에 녹음된 곡을 구분할 때 여전히 트랙이라고 해.

train에서 나온 track에 접미사를 붙인 단어들은 무언가를 끄는 것을 의미해서 traction은 견인을 tractor는 견인차를 의미해.

쉬어가기

영화나 드라마로 유명한 스타트랙의 영문 제목이 앞에서 배운 track이 사용된 Star Track이라고 알고 있는 사람들이 많겠지만 실제로는 Star Trek이야. trek은 '행진하다'를 의미했는데 지금은 오랫동안 오지를 향해서 가는 '여행하다, 오래 걷다'라는 뜻이 있어. 그래서 산이나 오지로 긴 여행을 떠날 때 쓰는 트레킹은 이 단어를 현재분사로 사용한 trekking을 말하는 거지.

긴 시간 동안 산악지대를 오르고 오지를 탐험하는 것이 trekking이라면 여행을 위해 일반적인 도로를 걸으며 산을 타는 것은 hiking이라고 해. hiking은 교통수단을 운행하지 않고 오직 걸음을 이용해 여행하는 '도보여행'이야. 걷다가 지치면 주변에 지나가는 차를 잡고자 갖은 노력을 다하는데 이러한 사람을 hitchhiker라 하고 다른 사람의 차량을 무료로 얻어 타는 것은 hitchhike라고 해.

연습하기
빈칸에 적절한 뜻과 철자를 넣으세요.

```
        exit [    ]
         ↑
        it  →  ambit [    ]  →  ambition [    ]  →  ambitious [    ]
         ↓
    transit [    ]  →  transition [    ]
         ↓
 transitive verb [    ]  →  intransitive verb [    ]
```

☐☐it 출구, 비상구
　↑
　it → ☐☐☐it 영역, 범위 → ambit☐☐☐ 야망 → ambitio☐☐ 야심 있는
　↓
☐☐☐☐it 수송, 통과 → transit☐☐☐ 변화, 과도
　↓
transit☐☐☐verb 타동사 → ☐☐transitive verb 자동사

```
                                    trainer
                         trainee  ↖   ↑
track  ←  trace  ←  trail  ←  train
  ↓         ↓        ↓         ↓
traction  tracer  trailer   training
  ↓
tractor
```

```
                                         train□□ 트레이너
                             train□□ 훈련생  ↖   ↑
trac□ 트랙 ← tra□□ 추적하다 ← trai□ 끌다; 자국 ← train 기차; 훈련하다
  ↓              ↓                ↓                ↓
trac□□□□ 견인  trac□□ 추적자   trail□□ 트레일러  train□□□ 훈련
  ↓
tract□□ 견인차
```

141 day 낮, 날, 하루

daily 매일의 → **diary** 일기
dey-lee　　　　　　dahy-uh-ree
　　　　↖　↗
dawn 새벽 ← **day** 하루 →
dawn　　　　　　dey
　　　　　↙
holiday 휴가, 휴일
hol-i-dey

Monday 월요일
muhn-dey

Tuesday 화요일
tooz-dey

Wednesday 수요일
wenz-dey

Thursday 목요일
thurz-dey

Friday 금요일
frahy-dey

Saturday 토요일
sat-er-dey

Sunday 일요일
suhn-dey

먼 옛날에는 시계가 존재하지 않았기에 하루의 시작을 해가 뜨려고 하는 새벽으로 여겼어. dawn이 새벽이고 day는 해가 떠오르는 낮과 지구가 한번 자전하는 24시간을 뜻하는 날이나 하루를 의미해. daily는 해가 반복해서 뜨고 지는 것을 표현하는 매일의라는 뜻과 부사로 매일을 뜻하고, diary는 매일 있는 일을 노트에 작성하는 일기야.

'신성한'을 뜻하는 holy를 붙인 holiday는 원래는 종교적으로 큰 행사적인 날을 기념해서 일하지 않고 경건하게 신에게 드리는 날을 의미했지만, 현재는 일에서 벗어나 자유롭게 쉴 수 있는 휴가나 휴일을 말해.

월요일은 Monday인데 mon은 원래 '달'을 뜻하는 moon이고 월요일을 한자로 표기할 때도 달 월(月)을 사용해. 달(month)과 달(moon)을 한글에서는 똑같이 쓰는 것처럼 영어에서도 날짜를 뜻하는 달을 moon에서 파생된 month를 사용해. 달이 지구를 도는 공전주기가 대략 한 달 정도의 시간을 소비하며 돌기 때문이야.

화요일을 뜻하는 Tuesday는 북유럽 신화에 등장하는 '하늘의 신'이자 '전투의 신'인 Tiw의 이름에서 나온 단어이고 수요일인 Wednesday는 북유럽 신화에 등장하는 신의 이름인 Woden에서 나왔어. 과거 서양에서는 요일의 시작이 일요일이었기 때문에 중간에 있는 날인 수요일을 midweek라고 부르기도 했어. 목요일인 Thursday는 천둥(thunder)을 다스리는 신의 이름에서 나왔어. 금요일은 '결혼과 출산의 여신'인 Frig의 영향을 받았고, 과거에는 토요일이 휴일이었기에 휴일을 기다리는 '자유로운' 날이라고 해서 free와 합쳐져 Friday가 되었지. 토요일인 Saturday는 태양계에 속하는 '토성'을 의미하는 Saturn과 합쳐진 단어이고 Sunday는 '태양'을 의미하는 sun과 합쳐져 일요일을 뜻하게 된 거야.

142 close 닫다, 감다; 가까운, 거의 ~할 것 같은

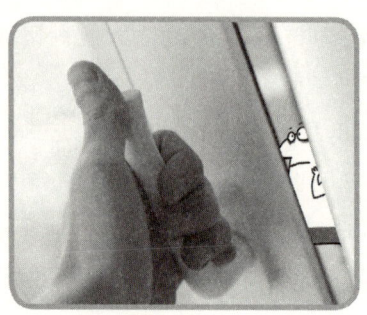

disclosure 폭로
dih-**skloh**-zher
↑
disclose 폭로하다
dih-**sklohz**

enclose 동봉하다　　　　　　　　　　　**closure** 폐쇄
en-**klohz**　　　　　　　　　　　　　　　**kloh**-zher

closeness 접근　←　**close** 닫다; 가까운　→　**closely** 접근하여
klohz-nis　　　　　　klohz　　　　　　　　　**klohz**-lee

　　　　　　　　　　　　　어원↓

exclude 제외하다　←　**clude**　→　**include** 포함하다
ik-**sklood**　　　　　　　　　　　　　　　　in-**klood**
↓　　　　　　　　　　　↓　　　　　　　　　　　↓
exclusive 배타적인　　**conclude** 결론을 내리다　**inclusive** 포함한
ik-**skloo**-siv　　　　　kuhn-**klood**　　　　　　in-**kloo**-siv
　　　　　　　　　　　↙　　　↘
　　　　　conclusion 결말　　**conclusive** 결정적인
　　　　　kuhn-**kloo**-zhuhn　　kuhn-**kloo**-siv

close는 무언가를 닫는 것을 의미해서 문을 닫는 닫다와 눈을 감는 감다를 뜻하지만, 예전에는 무언가를 끝내서 닫으려 하는 '마감되다'를 뜻했어. 그래서 형용사로는 가까운이라는 뜻과 거의 ~할 것 같은이라는 뜻이 있어. 부사형 closely는 가까이 가는 것을 의미하는 접근하여이고 명사형 closeness는 접근이야. close에 명사로 만드는 ure를 붙인 closure는 학교나 공장의 문을 영구적으로 닫는 폐쇄를 뜻해.

앞에 en을 붙인 enclose는 주변을 닫는 것을 의미해서 편지봉투의 입구를 닫는 동봉하다는 뜻과 주변을 막는 둘러 싸다는 뜻이 있어. 앞에 '부정'을 나타내는 dis를 붙인 disclose는 무언가를 닫는 것이 아니라 열어버리는 밝히다, 폭로하다이고 disclosure는 감춰졌던 사실을 드러내는 폭로를 말해.

close에서 나온 clude는 현재는 존재하지 않지만 앞에 접두사를 붙인 단어들은 현재까지도 사용하고 있어. in을 붙인 include는 주변을 막아서 그 안에 있는 것을 자신의 소유로 만드는 것을 의미했는데, 현재는 안에 있는 것을 자신의 것으로 포함하다는 의미야. 명사로 쓰이는 inclusion은 '포함'이고 형용사로 쓰이는 inclusive는 포함한이야. 앞에 ex를 붙인 exclude는 밖으로 쫓아내 버리고 문을 닫는 차단하다와 사람과의 관계에 끼지 못하게 막아버리는 제외하다는 뜻이야. 여기서 나온 exclusion은 '제외'나 '차단'을 뜻하고 exclusive는 남을 배척하는 배타적인, 독점적인이지. con을 붙인 conclude는 말이나 행동에 모든 것을 함께 닫아버리는 결론을 내리다, 끝내다는 뜻이야. 뒤에 ion을 붙인 명사형 conclusion은 결말을 뜻하고, 형용사인 conclusive는 결정적인이야.

연습하기

빈칸에 적절한 뜻과 철자를 넣으세요.

```
                                    □□□day 월요일
                                    □□□□day 화요일
da□□□ 매일의  →  □□□□□ 일기    □□□□□□day 수요일
              ↖
     da□□ 새벽 ←  day 하루  →   □□□□□day 목요일
              ↙
□□□□day 휴가, 휴일                □□□day 금요일
                                    □□□□□day 토요일
                                    □□□day 일요일
```

```
                    disclosure
                        ↑
                    disclose
    enclose      ↖   ↑   ↗   closure
closeness  ←  close  →  closely
                   응용↓
    exclude  ←  clude  →  include
       ↓          ↓         ↓
    exclusive  conclude  inclusive
                ↙    ↘
          conclusion  conclusive
```

```
                   disclos☐☐☐ 폭로
                        ↑
                   ☐☐close 폭로하다
   ☐☐close 동봉하다  ↖  ↑  ↗  clos☐☐☐ 폐쇄
close☐☐☐☐ 접근 ← close 닫다; 가까운 → close☐☐ 접근하여
                       응용↓
    ☐☐clude 제외하다 ← clude → ☐☐clude 포함하다
         ↓               ↓              ↓
 exclu☐☐☐☐ 배타적인  ☐☐clude 결론을 내리다  inclu☐☐☐ 포함한
                     ↙       ↘
             conclu☐☐☐☐ 결말  conclu☐☐☐☐ 결정적인
```

143 sit 앉다

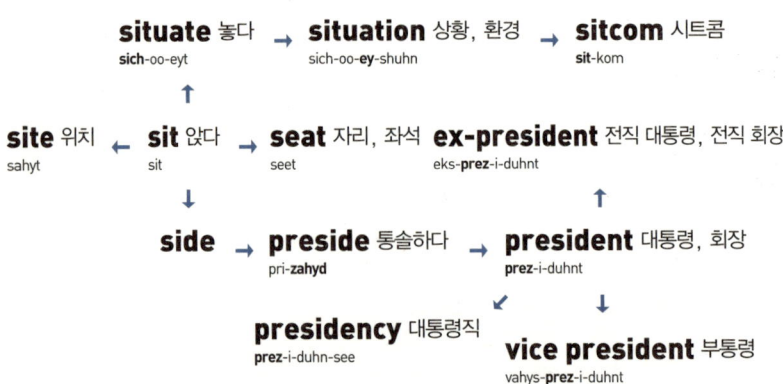

situate 놓다
sich-oo-eyt

situation 상황, 환경
sich-oo-ey-shuhn

sitcom 시트콤
sit-kom

site 위치
sahyt

sit 앉다
sit

seat 자리, 좌석
seet

ex-president 전직 대통령, 전직 회장
eks-prez-i-duhnt

side

preside 통솔하다
pri-zahyd

president 대통령, 회장
prez-i-duhnt

presidency 대통령직
prez-i-duhn-see

vice president 부통령
vahys-prez-i-duhnt

sit은 '놓다'라는 뜻이었는데 자신을 '내려놓다'라는 의미에서 앉다를 뜻하게 되었어. sit의 명사형으로 쓰이는 seat는 자기 자신이나 물건 등을 놓을 수 있는 공간인 자리나 좌석을 뜻해. site는 무언가 놓인 공간이나 장소를 의미하는데 건물들이 놓인 장소라는 의미에서 현장이나 위치를 뜻하게 되었어. '인터넷 사이트'도 웹상에 놓인 것이기에 website라고 말하는 거야.

'앞의'를 뜻하는 pre를 붙인 preside는 '쪽'이나 '옆면'이라는 뜻의 side와는 관계가 없고 sit이 변형된 side가 사용된 것으로 다른 사람들보다 앞에 놓여 있어서 사람들을 이끄는 것을 의미하는 통솔하다, 주도하다는 뜻이야. president는 사람들을 이끌면서 가장 앞에 놓여 있는 사람인 나라의 대통령이나 회사의 회장을 뜻해. presidency는 대통령이나 회장의 위치를 뜻해서 대통령직이나 회장직을 말해. '대리의'를 뜻하는 vice를 붙인 vice president는 부통령이나 부회장이고 '그전의'를 뜻하는 ex를 붙인 ex-president는 전직 대통령이나 전직 회장이야.

sit가 라틴어로 쓰이면서 situ가 되었고 여기에 접미사 ate를 붙인 영단어 situate이 파생됐어. situate는 무언가를 놓는 것을 의미하는 놓다, 위치시키다는 뜻이고 situation은 자신에게 놓여 있는 과정을 의미하는 상황이나 삶 가운데 놓이게 되는 환경을 뜻해.

TV에서 흔히 볼 수 있는 시트콤을 뜻하는 sitcom은 situation comedy를 말하고 연속적으로 이어지는 내용이 아니라 매번 다른 소재로 상황을 전개해 나가는 드라마 형식의 코미디극이야.

144 set 세트

settlement 해결, 정착 **upset** 뒤엎다, 속상하게 만들다 → **offset** 상쇄하다
set-l-muhnt   uhp-set   awf-set

↑   ↑

settle 해결하다 ← **set** 세트 → **setting** 세팅
set-l   set   set-ing

중요↓

assess 평가하다 ← **sess** → **session** 회의, 기간
uh-ses   sesh-uhn

↓

assessment 평가, 평가액
uh-ses-muhnt

앞에서 배운 sit에 있는 i를 e로 바꾸기만 해도 set이 되는데 set도 sit과 같은 뿌리에서 나왔어. 동사로는 놓다와 배치하다, 명사로는 연극이나 영화에 놓여 있는 무대 현장이나 두 개 이상의 물건을 하나로 놓은 세트라는 뜻이 있어. 참고로 패스트푸드 레스토랑에서 햄버거와 음료 등을 함께 살 수 있는 세트를 서양에서는 value meal이라고 하기 때문에 외국에서는 value meal을 주문해야 한국에서의 세트 메뉴를 이용할 수 있어.

setting은 가지런히 정리해서 놓는 세팅을 의미하고, settle은 어떠한 문제나 사건을 잘 해결해 놓는 해결하다와 자신의 자리나 위치를 놓는 정착하다를 뜻해. 명사로 만드는 접미사 ment를 붙인 settlement는 문제를 해결하기 위한 합의나 해결, 정착을 뜻해.

set 앞에 up를 붙인 upset은 놓인 것을 위로 올리는 뒤엎다는 뜻과 사람의 마음을 뒤엎어 버리는 속상하게 만들다는 뜻이 있고 offset은 손해 본 것을 만회하기 위해 다른 것을 놓는 상쇄하다를 의미해.

set에서 변형된 sess는 지금은 쓰이지 않지만, 뒤에 ion을 붙인 session이 파생되었고 많은 사람이 함께 앉아 목적을 가지고 여러 가지의 것들을 나눈다는 데서 회의를 뜻하게 되었어. 지금은 계속해서 함께 앉아 있는 것이 아니라 자신들이 원하는 시간 동안 함께 하는 특정 활동을 위한 기간이나 시간이라는 뜻도 있어. 예를 들면, 공연이나 녹음을 위한 세션은 session musician을 의미해서 정해진 시간동안 고정적으로 음악적인 부분을 도와주는 사람을 뜻하고 학교에서의 세션은 정해져 있는 수업의 시간을 뜻하는 거야.

앞에 '방향'을 나타내는 ad를 붙인 assess는 세금이나 벌금의 가격을 정해서 고정해 놓는 것을 의미했는데 지금은 사람들이 정확한 세금을 낼 수 있게 수입을 측정하는 평가하다를 뜻해. 명사형 assessment는 어떤 것의 가치를 측정하는 평가나 평가된 액수인 평가액을 뜻하지.

연습하기

빈칸에 적절한 뜻과 철자를 넣으세요.

```
              situate    →  situation     →  sitcom
                 ↑
site  ←  sit  →  seat              ex-president
         ↓                              ↑
        side  →  preside       →  president
                 presidency  ↙    ↓
                                vice president
```

```
              sit□□□□ 놓다  →  situat□□□ 상황, 환경  →  sit□□□ 시트콤
                 ↑
sit□ 위치 ← sit 앉다 → s□□t 자리, 좌석        □□-president 전직 대통령, 전직 회장
         ↓                                        ↑
        side  →  □□□side 통솔하다  →  preside□□ 대통령, 회장
                                    ↙    ↓
                 preside□□□ 대통령직    □□□□president 부통령
```

```
settlement      upset              →  offset
    ↑             ↑
  settle    ←   set     →  setting
                 평판↓
  assess    ←   sess    →  session
    ↓
assessment
```

---

settle□□□□ 해결, 정착   □□**set** 뒤엎다, 속상하게 만들다 → □□□**set** 상쇄하다
　　↑　　　　　　　↑
set□□□ 해결하다 ← **set** 세트 → **set**□□□□ 세팅
　　　　　　　　　평판↓
□□**sess** 평가하다 ← **sess** → **sess**□□□ 회의, 기간
　　↓
assess□□□□ 평가, 평가액

145 deny 부정하다

denial 부정, 거부
dih-**nahy**-uhl
↑

negligence 무시　　**deny** 부정하다　　**negative** 부정적인; 음성
neg-li-juhns　　　　　dih-**nahy**　　　　　　neg-uh-tiv
↑　　　　　　　　　↑　　　　　　　　　↑

neglect 무시하다 ← **neg** → **negate** 부정하다 → **negation** 반대, 부정
ni-**glekt**　　　　　　　　　　ni-**geyt**　　　　　　　ni-**gey**-shuhn
↓　　　　　　　　　　　　　　↓

negligent 게으른　　　　　**negotiate** 협상하다 → **negotiation** 협상
neg-li-juhnt　　　　　　　　ni-**goh**-shee-eyt　　　　ni-goh-shee-**ey**-shuhn
　　　　　　　　　　　　　　↓

　　　　　　　　　　　　negotiator 협상가
　　　　　　　　　　　　ni-**goh**-shee-ey-ter

영어에서 ne로 시작하는 접미사들은 '부정'을 나타내는 no에서 생겨난 단어들이야. 그래서 '언제나, 항상'이라는 뜻을 지닌 ever 앞에 접미사 ne를 붙인 never는 '절대 ~않다'는 부정의 의미를 갖게 되고, 둘 중 하나를 의미하는 either 앞에 ne를 붙인 neither도 '둘 다 아니다'라는 부정의 의미를 갖게 되는 거야.

이번에 소개할 단어는 ne가 g와 합쳐져서 생긴 neg야. 뒤에 붙은 g는 '말하다'는 뜻을 지닌 라틴어 gare의 줄임말이야. neg는 현재는 쓰이지 않지만 뒤에 접미사나 접두사를 붙여서 사용하는 핵심어로 쓰이고 있어.

neg 뒤에 ate를 붙인 negate는 옳지 않음을 말하는 부정하다는 뜻이고 명사인 negation은 반대나 부정을 의미해. negative는 형용사로 부정적인이라는 뜻과 숫자로 플러스의 반대를 뜻하는 마이너스의를 뜻하고 명사로는 양성의 반대인 음성이라는 뜻으로 많이 사용되는 단어야. negate에서 파생되어 생긴 negotiate는 어떠한 목적에 동의를 얻기 위해 서로의 부정적인 것을 의논하고 타협하는 협상하다는 뜻이야. negotiation은 협상이나 교섭을 의미하고 이렇게 협상을 하는 협상가를 negotiator라고 하지.

neg 뒤에 '모으다'는 뜻을 지닌 lect를 붙인 neglect는 모았던 것을 반대로 내버려두는 방치하다는 뜻과 사람이 하는 말을 새겨듣지 않고 업신여기는 무시하다는 뜻이 있는 단어야. 그래서 명사로 쓰이는 negligence는 무시나 태만을 의미하고 형용사인 negligent는 게으른이지.

deny는 '확실히'라는 뜻의 접두사 de와 neg의 줄임말인 ny가 합쳐져서 생긴 단어로 확실히 옳지 않게 말하는 행위를 표현하는 영단어로, negate와 똑같이 부정하다를 뜻하고 명사형인 denial은 부정이나 거부를 뜻해.

146 foot 발

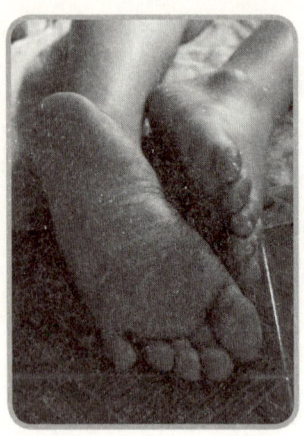

football 축구
foot-bawl

footstep 걸음걸이　　　　　　　**footage** 화면
foot-step　　　　　　　　　　　　foot-ij

foothold 발판 ← **foot** 발 → **footprint** 발자국
foot-hohld　　　　　foot　　　　　foot-print

↓

fetter 속박; 속박하다 → **unfetter** 해방하다
fet-er　　　　　　　　　　　uhn-fet-er

foot은 사람이나 동물의 발을 의미하는 단어인데, 다른 단어들과 연결되면서 다양한 파생어도 생겨났어.

우선 '인쇄'나 '자국'을 뜻하는 print를 뒤에 붙인 footprint는 사람이 발을 밟아 남긴 발자국을 의미해. 발자국을 뜻하는 또 다른 말로는 '걸음'을 뜻하는 step과 foot이 합쳐진 footstep이 있지. 이 단어에는 걸음걸이라는 뜻도 있는데 걸음을 걸으면 발소리가 나기 때문에 발소리라는 뜻까지 가지고 있어.

football은 축구를 의미하지만 미국에서는 미식축구를 football이라고 말하고 축구는 soccer라고 말해. 그래서 미국의 프로 미식축구인 NFL은 National Football League의 약자만 따서 부르는 거야. 참고로, NFL의 마지막 결승전은 Super Bowl이라고 말해.

footage는 원래 광산에서 사람의 발걸음을 통해 채굴되는 양을 의미했지만 현재는 사람이 걸으면서 촬영한 것을 TV를 통해 영상을 제공하는 화면을 뜻해. foothold는 사람의 발을 디디는 발판을 뜻하기도 하고 사업에서 하나의 기회가 될 수 있도록 다른 곳으로 진출을 시도하는 발판이라는 뜻도 있어.

foot에서 파생된 fetter는 명사로는 사람이나 동물의 발에 쇠사슬을 다는 족쇄와 이러한 족쇄로 묶어 움직이지 못하게 하는 속박이라는 뜻이 있고, 동사로도 쓰여서 족쇄를 채우다, 속박하다는 의미가 있어.

fetter 앞에 '부정'이나 '제거'를 나타내는 un을 붙인 unfetter는 달렸던 족쇄를 풀어버리는 자유롭게 하다, 해방하다는 뜻이지.

연습하기
빈칸에 적절한 뜻과 철자를 넣으세요.

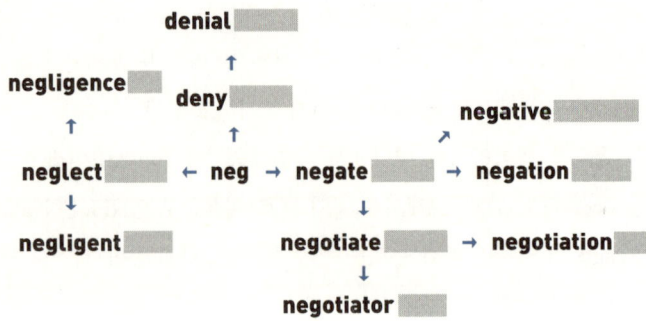

```
                            den☐☐☐ 부정, 거부
                                ↑
    negligen☐☐ 무시
                            deny 부정하다
        ↑                       ↑                              neg☐☐☐☐☐ 부정적인; 음성
                                                            ↗
neg☐☐☐☐ 무시하다  ←  neg  →  neg☐☐☐ 부정하다  →  negat☐☐☐ 반대, 부정
        ↓                       ↓
negl☐☐☐☐☐ 게으른         neg☐☐ate 협상하다  →  negot☐☐☐☐☐ 협상
                                ↓
                        negotiat☐☐ 협상가
```

```
              football
footstep        ↑       footage
         ↖     ↑    ↗
foothold  ←  foot  →  footprint
                ↓
            fetter  →  unfetter
```

```
                 foot□□□□ 축구
footstep 걸음걸이    ↑      foot□□□ 화면
         ↖     ↑    ↗
foot□□□□ 발판 ← foot 발 → foot□□□□□ 발자국
                ↓
            fetter 속박; 속박하다 → □□fetter 해방하다
```

147 **phone** 음성, 전화, 음성 장치

interphone 인터폰
in-**tur**-fohn

symphony 교향곡
sim-fuh-nee

phonetics 음성학
fuh-**net**-iks

entry phone 엔트리폰
en-tree-fohn

← **phone** 음성, 전화
fohn →

phonetic 음성의
fuh-**net**-ik

pay phone 공중전화
pey-fohn

microphone 마이크
mahy-kroh-fohn

phonetician 음성학자
foh-ni-**tish**-uhn

headphone 헤드폰
hed-fohn

earphone 이어폰
eer-fohn

xylophone 실로폰
zahy-luh-fohn

전화를 뜻하는 phone은 그리스어에서 파생된 단어로 특히 사람이 목을 통해 내는 음성을 의미했어. 그러나 현재는 일반적인 소리나 기계를 이용해 소리를 듣는 전화나 음성 장치를 뜻해. 그래서 형용사로 쓰이는 phonetic은 음성을 표현하는 음성의이고 phonetics는 말소리가 어떻게 전달되고 청취되는지를 연구하고 공부하는 음성학을 의미해. 음성학을 연구하는 음성학자는 phonetician이라고 하지.

phone이 파생시킨 여러 가지 전화기를 알아볼까. 먼저 음성을 전달하는 '전화'는 대체로 phone이라고 말하지만 원래는 '원거리'나 '멀리'를 뜻하는 tele를 붙인 telephone을 줄여서 쓰는 단어야. 그리고 밖에서도 전화할 수 있는 '휴대전화'는 cellphone이나 mobile phone이라 하고 돈을 내고 사용하는 공중전화는 돈을 내고 사용한다는 데서 pay phone이라고 해. 건물의 밖에서 안으로 전화하는 엔트리폰은 enter에서 나온 entry를 사용한 entry phone이고 안에서만 전화를 걸고 받을 수 있는 인터폰은 interphone이지.

큰소리로 들을 수 있게 소리를 확장시키는 마이크는 '극소'를 뜻하는 micro와 phone이 합쳐진 microphone이야. 목소리가 마이크를 통해서 옮겨진 후 스피커를 통해 큰 소리를 내는 것을 의미하는 거야. 머리에 쓰고 음성을 듣는 헤드폰은 headphone이고 귀를 통해서 음성을 듣는 이어폰은 earphone이야. '나무'를 뜻하는 xylo와 합쳐진 xylophone은 원래는 나무로 조율된 소리를 내는 악기인 실로폰으로 한자로도 목금(木琴)이라고 해. '함께'를 의미하는 sym과 합쳐진 symphony는 여러 가지 악기로 조화롭게 소리 내는 교향곡을 말해.

148 create 창조하다, 창작하다

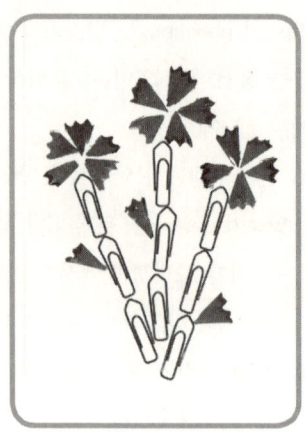

recreation 레크리에이션
ree-kree-**ey**-shuhn

creativity 창조성
kree-**ey**-tiv-i-tee

recreate 휴양하다
ree-kree-**eyt**

creative 창의적인
kree-**ey**-tiv

increase 증가하다
in-**krees**

decrease 감소하다 ← **cre** → **create** 창조하다 → **creation** 창조
dih-**krees**   kree-**eyt**   kree-**ey**-shuhn

creature 생물, 사람
kree-cher

concrete 콘크리트   **creator** 창조자
kon-**kreet**   kree-**ey**-ter

cre는 '새로운 것을 생산하다, 만들다'를 뜻하는 라틴어였고, 접미사 ate를 붙인 영단어 create를 파생시켰어. create는 무언가를 새롭게 만드는 창조하다, 창작하다를 뜻하고, creation은 전에 없던 것을 새롭게 구성하고 만들어 내는 창조를 말해. 형용사인 creative는 창의적인이고, 명사인 creativity는 무언가를 창의하고 창작하는 성질인 창조성을 의미해. creator는 무언가를 새롭게 창조하고 만드는 사람인 창조자야.

creature는 창조자에 의해 창조되어 생명력을 가지고 살아가는 생물이나 창조된 사람을 뜻하지. create 앞에 re를 붙인 recreate는 과거의 창조된 것을 다시 새롭게 만드는 되살리다는 뜻과 몸과 마음을 예전처럼 다시 새롭게 회복하기 위해 휴식을 취하는 휴양하다는 뜻이 있어. 그래서 recreation은 다시 새로운 힘을 얻기 위해 많은 사람들이 즐겁게 어울려 게임을 하는 레크리에이션을 말하는 거야.

모든 생물은 창조된 후 충분한 영양분이 공급되면 자연적으로 성장하게 되는데, 그래서 라틴어 cre는 '자라다'는 뜻도 지니게 되었고 이 뜻을 통해 생겨난 단어가 앞에 '안에'를 뜻하는 in을 붙이고 뒤에 ase를 붙인 increase야. increase는 자신의 안에서 점점 자라게 된다는 증가하다, 인상하다이고, 명사로는 증가나 인상을 뜻해.

'아래'를 뜻하는 de를 붙인 decrease는 아래로 자라게 된다는 감소하다, 줄이다이고 이 단어 역시 명사로도 쓰여서 감소나 하락을 뜻해.

참고로 concrete는 건물을 지을 때 사용하는 모래와 자갈 등을 물과 함께 혼합한 건축 재료를 의미하는데, 여러 가지 것을 혼합해 하나의 형태로 자라고 만들어 낸다는 의미에서 콘크리트라는 뜻을 지니게 된 거야.

연습하기
빈칸에 적절한 뜻과 철자를 넣으세요.

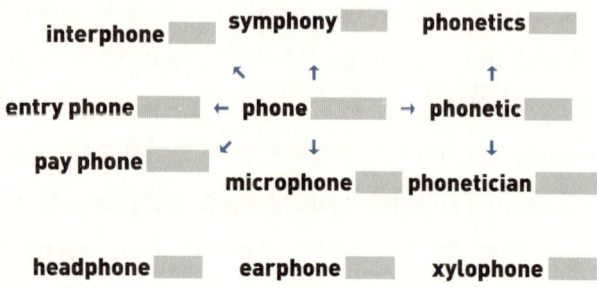

interphone 인터폰	☐☐phony 교향곡	phonetic☐ 음성학
entry phone 엔트리폰 ←	phone 음성, 전화 →	phone☐☐☐ 음성의
☐☐phone 공중전화	microphone 마이크	phonetic☐☐☐ 음성학자

☐☐☐☐phone 헤드폰　☐☐☐phone 이어폰　☐☐☐phone 실로폰

```
                      recreation      creativity
                          ↑                ↑
       increase      recreate         
                       ↖    ↑    ↗   creative
decrease  ←  cre  →  create      →   creation
                          ↓              ↘ creature
                  concrete   creator
```

```
                      recreat□□□ 레크리에이션
                          ↑                        creativ□□□ 창조성
    □□cre□□□ 증가하다    □□create 휴양하다             ↑
                          ↑                  creat□□□ 창의적인
□□crease 감소하다 ← cre → cre□□□ 창조하다 → creat□□□ 창조
                          ↓                     ↘ creat□□□ 생물, 사람
                  concrete 콘크리트  creat□□ 창조자
```

149 sense 감각, 의미, 뜻

sensibility 감수성
sen-suh-**bil**-i-tee

sensation 센세이션   **sensitive** 예민한   **sensible** 분별 있는
sen-**sey**-shuhn   sen-si-tiv   sen-suh-buhl

sensate 감각이 있는 ← **sense** 감각 → **sensor** 감지기
sen-seyt   sens   **sen**-sawr

sentence 선고, 문장 ← **sent** → **sentiment** 정서
sen-tns   **sen**-tuh-muhnt

consent 동의; 동의하다   **sentimental** 정서적인
kuhn-**sent**   **sen**-tuh-muhn-tl

consensus 일치, 합의
kuhn-**sen**-suhs

영단어 sense는 사람이 가지고 있는 오감인 감각을 뜻하고 감각은 사물을 통해서만 느끼는 것이 아니라 정신적으로 어떠한 것을 느끼고 이해하는 것까지 포함돼. 그래서 말이나 글을 자신이 느껴서 이해하는 의미나 뜻이라는 의미도 갖고 있어. sense에서 나온 sensor는 기계가 소리나 빛 등을 느껴 반응하는 감지기를 의미하고, sensitive는 사람이 쉽게 느끼는 감정을 표현한 예민한, 세심한을 뜻해.

sense와 able이 합쳐진 sensible은 처음에는 '느낄 수 있는'이었지만 현재는 느낌을 통해 판단하는 분별 있는으로 주로 쓰여. 접미사 ity를 붙인 sensibility는 외부의 자극을 잘 느끼는 감수성을 의미해. sense에 접미사 ate를 붙인 sensate(감각이 있는)는 자주 쓰이지는 않지만, 여기서 나온 sensation은 자주 사용하는 단어로 무언가를 통해 육체적으로나 정신적으로 영향을 받아서 사람이 느끼는 느낌, 갑자기 일어난 어떠한 상황에 영향을 받아 크나큰 감정들이 폭발하게 되는 센세이션을 뜻해.

sense에서 변형된 단어가 sent이고 접미사 ence를 붙이면 sentence라는 단어가 돼. 원래 자신이 받은 느낌을 표현하는 '의견'을 뜻했지만 현재는 잘 쓰이지 않고 법정에서 판사가 자신의 의견을 표현하는 선고나 형벌이라는 뜻과 사람의 감정이나 생각을 말 또는 글로 표현할 때 완결된 내용을 구성하는 문장이라는 뜻으로 많이 쓰여. sent에서 파생된 sentiment는 사람의 마음에서 일어나는 여러 가지 감정인 정서나 감상을 뜻하고 형용사로 쓰이는 sentimental은 정서적인, 감상적인이야.

sent 앞에 접두사 con을 붙인 consent는 서로의 생각이나 느낌이 같아서 생긴 동의, 동의하다이고 consensus는 비교 대상이 같은 일치나 서로의 의견이 일치하는 합의라는 의미야.

150 **present** 현재의, 존재하는; 주다, 보여주다; 선물

essentially 본질적으로
uh-**sen**-shuh-lee
↑
essentiality 본성 ← **essential** 본질적인
uh-sen-shee-**al**-i-tee 　　uh-**sen**-shuhl
　　　　　　　　　　　　↑
esse 존재 → **essence** 본질
es-se　　　　es-uhns
　　　　　　　　　　　　　　　　presence 존재
↓　　　　　　　　　　　　　↗ **prez**-uhns
sent → **present** 현재의; 주다; 선물 → **presentation** 제출
　　　　prez-uhnt　　　　　　　prez-uhn-**tey**-shuhn
↓
absent 결석한 → **absentee** 결석자
ab-suhnt　　　　ab-suhn-**tee**
↓
absence 결석
ab-suhns

영단어 present 속에 sent가 보여서 앞에 나왔던 sense가 변화된 sent가 사용되었다고 생각하는 사람이 많을 거야. 하지만 present 속의 sent는 실제로 현실에 있는 '존재'라는 뜻을 지닌 esse의 현재분사형이야. 영단어 공부를 어렵게 느끼는 건 이렇게 모습은 같지만 뿌리가 다 다르기 때문일 거야.

우선 esse에서 나온 essence부터 살펴보자. essence는 사물이 실질적으로나 자연적으로 본래의 성질을 가지고 있는 본질을 의미해. 형용사형은 essential로 본질적인, 필수적인을 뜻하고 ly를 붙인 부사형 essentially는 본질적으로, ity를 붙인 명사 essentiality는 사람이 지닌 본능적인 특성인 본성을 말해.

다시 present로 돌아가서 이 단어는 '앞의'를 뜻하는 pre와 '존재'를 뜻하는 sent가 합쳐져서 '앞에 존재하다'라는 의미야. 그래서 형용사로는 실질적으로 존재하는 시점을 표현하는 현재의와 존재를 표현한 존재하는을 뜻해. 동사로는 존재하는 것을 앞으로 놓는 주다와 많은 사람 앞에 놓는 보여주다를 뜻해. 명사로 쓰이게 되면 형용사 '현재의'와 동사 '주다'라는 뜻에서 선물을 뜻하게 되었어.

present에서 파생한 presence는 앞에 놓여 있는 것이라서 esse와 똑같이 존재를 뜻하고, presentation은 앞으로 내어 놓는다고 해서 제출과 사람들 앞에서 보여주는 발표를 뜻해. 그래서 프레젠테이션은 사람들 앞에서 자신의 과제나 업적을 발표하는 자리야.

sent 앞에 '모자란'을 뜻하는 ab를 붙인 absent는 존재하는 것이 없음을 표현하는 결석한, 부재한이라는 뜻이야. absence는 결석이나 부재이고 absentee는 결석한 사람을 의미하는 결석자를 뜻하지.

연습하기

빈칸에 적절한 뜻과 철자를 넣으세요.

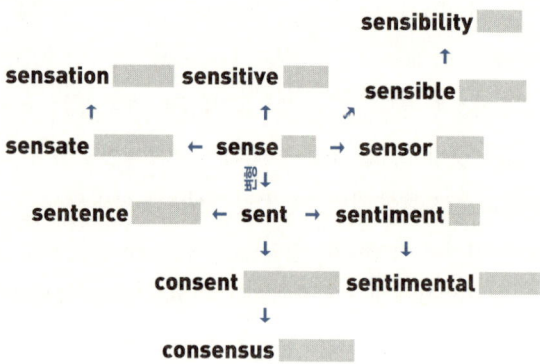

```
                                    sensib□□□□ 감수성
                                          ↑
sensa□□□□ 센세이션   sens□□□□□ 예민한
                                     sens□□□□ 분별 있는
         ↑                  ↑         ↗
    sensate 감각이 있는  ←  sense 감각  →  sens□□ 감지기
                               뜻↓
                               변화
  sent□□□□ 선고, 문장  ←  sent  →  sent□□□□ 정서
                          ↓                    ↓
            □□sent 동의; 동의하다      sentiment□□ 정서적인
                          ↓
                 consen□□□ 일치, 합의
```

```
                    essentially
                        ↑
essentiality  ←  essential
                        ↑
       esse  →  essence
         ↓                      presence
       sent  →  present  ↗  →  presentation
         ↓
    absent  →  absentee
         ↓
    absence
```

```
                    essential□□ 본질적으로
                        ↑
essential□□□ 본성  ←  essen□□□□ 본질적인
                        ↑
       esse 존재  →  esse□□□ 본질
         ↓                              presence 존재
       sent  →  □□sent 현재의; 주다; 선물  ↗  →  presentation 제출
         ↓
    □□sent 결석한  →  absent□□ 결석자
         ↓
    absen□□ 결석
```

151 science 과학

conscience 양심
kon-shuhns

scientist 과학자
sahy-uhn-tist

sci → **science** 과학 → **scientific** 과학의
          sahy-uhns   sahy-uhn-tif-ik

consci → **conscious** 의식하는 → **consciousness** 의식
          kon-shuhs   kon-shuhs-nis

subconscious 잠재의식
suhb-kon-shuhs

unconscious 의식이 없는
uhn-kon-shuhs

unconsciousness 무의식
uhn-kon-shuhs-nis

과학은 원래 자연세계에서 보편적인 진리나 법칙을 발견하는 것을 주목적으로 하는 지식이지만, 이것이 공부라는 테두리에 갇히게 되면서 복잡하고 어렵게 느껴지게 되었어. 과학을 뜻하는 science는 자세히 보면 sci와 접미사 ence가 붙어 있어. sci는 아는 것이나 깨달음을 의미하는 '알다'를 뜻해서 science는 원래 아는 것의 사실이나 진실을 의미하는 '지식'으로 쓰였어. 과거 서양에서는 종교적인 믿음을 통해서만 세상을 바라보다가 자연에 대한 연구와 실제적인 사실들을 발견하면서 과학이라는 단어를 사용하게 되었어. science의 형용사형인 scientific은 과학의, 과학적인이라는 뜻이고 과학을 연구하고 조사하는 사람인 과학자는 scientist라고 하지.

science 앞에 con을 붙인 conscience는 사람의 마음이나 생각 속에서 자신을 알아가는 '지식'을 의미했어. 그러나 후에는 행동의 옳고 그름을 발견하고 선과 악을 구분하는 도덕적인 의식인 양심을 뜻하게 되었어. conscious는 consci에 '풍부한'을 뜻하는 접미사 ous를 붙인 단어로 사물을 분별하고 아는 것을 표현하는 의식하는, 지각하는을 뜻하고 뒤에 추상명사로 만드는 ness를 붙인 consciousness는 사람이나 사물을 인식할 수 있는 의식이나 자신의 능력을 스스로 아는 자각이지. conscious 앞에 un을 붙인 unconscious는 의식이 없는을 뜻하고 unconsciousness는 의식이 없는 상태를 의미하는 무의식이야. conscious 앞에 '아래'를 뜻하는 sub를 붙인 subconscious는 명사로는 사람의 생각 안에 있는 잠재의식이고 형용사로는 잠재의식의를 뜻해.

이렇게 중심이 되는 단어를 정확히 이해하면 영단어의 뜻을 무리 없이 이해할 수 있어.

152 habit 습관, 버릇

habitually 습관적으로
huh-**bich**-oo-uh-lee
↑

cohabitant 동거자　**habitual** 습관적인　**habitation** 거주지
koh-**hab**-i-tuhnt　　huh-**bich**-oo-uhl　　hab-i-**tey**-shuhn
↑　　　　　　↑　　　　　　↑

cohabit 동거하다 ←　**habit** 습관 →　**habitat** 서식지
koh-**hab**-it　　　　hab-it　　　　hab-i-tat
↓　　　　　　↓　　　　　↘
　　　　　　　　　　inhabit ~에 살다 → **inhabitant** 주민
cohabitation 동거　hibit　in-**hab**-it　　　in-**hab**-i-tuhnt
koh-hab-i-**tey**-shuhn　　　　　　↓　　**inhabitation** 거주
　　　　　　　　　↘　　　　　　　in-hab-i-**tey**-shuhn
exhibit 전시하다　　↓　**inhabitable** 살기에 적합한
ig-**zib**-it　　　　　　　in-**habi**-tuh-buhl
　　　　prohibit 금지하다
　　　　proh-**hib**-it

habit은 사람이 소유하게 되는 어떠한 것을 뜻하는 영단어였어. 처음에는 사람이 가지고 있는 외향적인 것을 의미하는 '옷'이나 '집'을 뜻하다가, 눈에는 보이지 않지만 내향적으로 사람 개인마다 소유하고 있는 습관과 버릇을 의미하게 되었지. habit에서 파생된 habitat은 동식물이 살아가면서 꼭 필요하고 소유해야 할 공간인 서식지를 말하고 habitation은 동식물과는 반대로 사람이 가지고 있고 살아가는 공간인 거주지를 뜻해. habit은 프랑스에서 쓰이면서 habitu로 바뀌었고 뒤에 al을 붙인 habitual이라는 영단어가 생겨났는데, habit이 지닌 습관이라는 뜻을 형용사로 사용한 것이기에 습관적인이란 뜻이고 뒤에 ly를 붙인 habitually는 습관적으로야.

habit 앞에 '함께'라는 뜻의 co를 붙인 cohabit은 거주하는 집 안에서 함께 살아가는 것을 의미하는 동거하다이고, cohabitant는 한집에서 함께 사는 사람인 동거자를 뜻해. 명사로 쓰이는 cohabitation은 함께 사는 동거, 함께 생활하는 공동생활을 뜻해. 앞에 '안에'를 뜻하는 in을 붙인 inhabit은 안에서 살아가는 것을 의미하는 ~에 살다이고, inhabitant는 일정한 지역 안에 사는 사람들을 의미하는 주민을 뜻하지. 또 inhabitation은 일정한 장소에 머물러 사는 장소인 거주를 뜻하고 뒤에 '할 수 있는'을 뜻하는 able을 붙인 inhabitable은 형용사로 살기에 적합한이라는 뜻이야. 앞에 '밖'을 뜻하는 ex가 붙으면서 habit이 hibit으로 변형된 exhibit은 자신이 가지고 있는 것을 밖으로 보여주는 전시하다이고 '앞'을 뜻하는 pro를 붙인 prohibit은 자신이 가지고 있는 것을 앞으로 놓아서 적이 오지 못하게 막는 금지하다를 의미하지.

연습하기

빈칸에 적절한 뜻과 철자를 넣으세요.

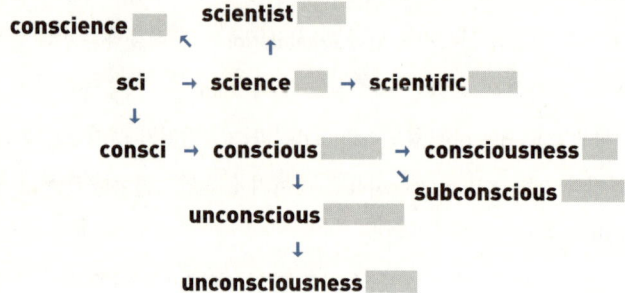

```
consci□□□□ 양심      scien□□□□ 과학자
                ↖         ↑
        sci  →  sci□□□□ 과학  →  scien□□□□□ 과학의
         ↓
consci  →  consci□□□ 의식하는  →  conscious□□□□ 의식
                         ↓          ↘
                  □□conscious 의식이 없는    □□conscious 잠재의식
                         ↓
              unconscious□□□□ 무의식
```

```
                        habitually
                            ↑
    cohabitant   habitual      habitation
        ↑            ↑              ↑
    cohabit    ←  habit     →    habitat
        ↓         覺↓        ↘  inhabit  →  inhabitant
    cohabitation   hibit           ↓      ↘
                      ↙            ↓        inhabitation
    exhibit           ↓       inhabitable
                  prohibit
```


```
                        habitual□□ 습관적으로
                            ↑
    cohabit□□□ 동거자  habit□□□ 습관적인   habitat□□□ 거주지
        ↑              ↑                     ↑
    □□habit 동거하다 ← habit 습관 → habit□□ 서식지
        ↓         覺↓        ↘  □□habit ~에 살다 → inhabit□□□ 주민
    cohabit□□□□ 동거    hibit       ↓         ↘
                      ↙               ↓            inhabit□□□□□ 거주
    exhibit 전시하다      ↓       inhabit□□□□ 살기에 적합한
                  □□□hibit 금지하다
```

153 free 자유로운, 무료의, ~이 없는; 자유롭게 하다

freedom 자유
free-duhm

← **free** 자유로운; 자유롭게 하다
free
→ **freely** 자유롭게
free-lee

friendship 교우관계
frend-ship
← **friend** 친구
frend
→ **friendly** 친한
frend-lee

↓

friendless 친구가 없는
frend-les

friendliness 친선
frend-lee-nis

free는 무언가에 얽매여 있지 않거나 속박되지 않는 자유로운 것을 의미하는 영단어로 자기 마음대로 행동할 수 있는 것을 표현한 자유로운이라는 뜻과 돈이나 물질에 전혀 얽매어 있지 않은 무료의, ~이 없는을 뜻해.

free는 주변에서 흔히 볼 수 있는 단어를 붙여서 사용하는 경우가 많아. 예를 들면, 음료수에 '설탕이 첨가되지 않음'을 의미할 때는 sugar free라고 쓰고 '지방이 전혀 없는'을 의미할 때는 fat free라고 하지. 비행기를 타기 전에 들리는 '면세점'을 duty free라고 하는데 여기서 duty는 '의무'나 '세금'을 뜻하기 때문에 세금이 전혀 없는 것을 의미해서 면세점을 뜻하는 거야.

free가 동사로 쓰이면 자유롭게 하다, 석방하다는 뜻이야. 부사로 쓰이는 freely는 자유롭게, 막힘없이라는 뜻이고 명사인 freedom은 자유를 의미해.

앞에서 '금요일'을 뜻하는 Friday도 휴일인 토요일을 기다리는 자유로운 날이라고 해서 free와 합쳐져 Friday가 되었다고 했지. 친구를 뜻하는 friend도 free에서 파생되었어. 친구라는 것은 허물없이 지내는 친한 관계인데 영어에서도 친구는 자신과 가깝고 악의 없이 지내는 사이좋은 관계를 뜻해. 그래서 형용사로 쓰이는 friendly는 자신과 가깝고 악의가 없는 것을 표현하는 친한, 우호적인이라는 뜻이고 friendliness는 사람과의 친밀한 관계를 뜻하는 친선이나 친목을 의미해. friend 뒤에 접미사 ship을 붙인 friendship은 교우관계나 우정을 의미하고, '없다'를 뜻하는 접미사 less를 붙인 friendless는 형용사로 친구가 없는을 말해.

154 ban 금지; 금지하다

bandit 강도 → **banditry** 강도질
ban-dit   ban-di-tree
↑
ban 금지; 금지하다 → **banish** 추방하다 → **banishment** 추방
ban   ban-ish   ban-ish-muhnt
↓
abandon 포기하다 → **abandonment** 포기
uh-**ban**-duhn   uh-**ban**-duhn-muhnt

영단어 ban은 원래 왕이나 높은 위치의 사람이 모든 사람이 알 수 있게 대대적으로 선포하는 것이나 명령하는 것을 의미하는 단어였어. 그러나 나중에는 절대적인 권리로 무언가를 하지 못하게 막는 금지, 금지하다는 뜻으로 사용하게 되었지.

ban에서 파생된 단어들은 금지라는 뜻보다는 정부나 나라에서 선포하거나 명령하여 생기게 된 단어들이 많아. 먼저 banish는 잘못된 행위를 한 사람들을 나라에서 선포하여 국외로 내쫓는 추방하다, 사라지게 만들다는 뜻이고 명사로 쓰이는 banishment는 추방을 의미하는 단어야. ban이 분사로 쓰인 후 파생된 bandit는 나라나 정부에서 선포된 나쁜 사람을 의미해서 폭행이나 협박을 통해 사람들의 금품을 빼앗는 강도나 산적을 뜻하고 bandit에서 파생된 banditry는 강도질이나 산적질을 의미하지.

과거에는 ban에서 파생된 bandon이라는 단어가 있었는데, 현재는 사용하지 않는 대신 bandon이 abandon으로 변화되었어. abandon은 명령에 의해 자신의 위치를 포기하고 떠나게 되는 떠나다, 포기하다는 뜻이고 명사로 쓰이는 abandonment는 자신의 것을 내다 버리게 되는 유기나 포기를 의미하지.

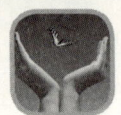

연습하기
빈칸에 적절한 뜻과 철자를 넣으세요.

freedom ← **free** → **freely**
↓
friendship ← **friend** → **friendly** → **friendliness**
↓
friendless

---

free☐☐☐ 자유 ← **free** 자유로운; 자유롭게 하다 → **free**☐☐ 자유롭게
↓
friend☐☐☐☐ 교우관계 ← **friend** 친구 → **friend**☐☐ 친한 → **friendli**☐☐☐☐ 친선
↓
friend☐☐☐☐ 친구가 없는

```
        bandit  →  banditry
          ↑
ban         →  banish   →  banishment
          ↓
abandon     →  abandonment
```

```
        ban□□□ 강도  →  bandit□□ 강도질
          ↑
ban 금지; 금지하다  →  ban□□□ 추방하다  →  banish□□□□ 추방
          ↓
□bandon 포기하다  →  abandon□□□□ 포기
```

155 peace 평화

peacemaker 중재자 ← **peace** 평화 → **peaceful** 평화로운
pees-mey-ker   pees   **pees**-fuhl

pax 평화, 우정 → **pact** 언약 → **pacify** 진정시키다
paks   pakt   **pas**-uh-fahy

impact 영향; 영향을 주다   **compact** 소형의   **pacific** 평화로운; 태평양
im-pakt   **kuhm**-pakt   puh-**sif**-ik

평화는 전쟁이나 분쟁 등이 없는 고요하고 평온한 상태를 의미하고 평화를 지키기 위해선 자신을 보호할 힘이 있어야 해. 예전부터 서양이나 동양에서는 강한 나라만이 힘을 통해 평화를 누릴 수 있었고 약한 나라는 강한 나라의 침략을 받으며 그들의 인권과 평화를 누리지 못한 채 억눌려 살아야만 했어. peace도 힘을 통해 지니게 되는 평화를 의미하고 peace에서 나온 단어들은 '평화'라는 뜻에서 파생되기도 했고, 평화를 만드는 '힘'이라는 뜻에서 파생된 단어도 있어.

먼저 '평화'에서 나온 단어들을 보면 peaceful은 평화가 가득한 것을 표현하는 형용사 평화로운, 평화적인이고 peacemaker는 전쟁이나 분쟁을 평화롭게 만들기 위해 중재하는 중재자야.

peace에서 파생된 pax는 peace와 똑같이 평화를 뜻하고, 사람과 사람과의 평화적인 관계인 우정을 의미해. pax에서 나온 pact는 사람이나 단체가 서로 돕기 위해 맺는 언약을 의미하고 pacify는 사람의 마음을 평화롭게 하려고 달래는 진정시키다는 뜻이야. pacific은 형용사로 평화로운, 태평한을 뜻하고, 이 뜻을 통해서 명사로는 가장 넓고 큰 바다를 의미하는 태평양을 뜻하게 되었어.

'언약'을 뜻하는 pact는 접두사를 붙이면 '힘'을 뜻하게 돼. 앞에 '향하다'를 뜻하는 im을 붙인 impact는 어떠한 것에 힘을 가하는 것을 의미해서 명사로는 어떠한 힘을 통하여 작용을 주는 영향이나 충격을 뜻하고 동사로는 영향을 주다, 충격을 주다를 뜻해. 앞에 com을 붙인 compact는 모든 힘을 주어 최대한으로 작게 만드는 것을 표현해서, 틈이나 공간이 매우 적은 조밀한이라는 뜻이었지만 현재는 힘을 주어 일반 제품보다 작게 만든 소형의를 뜻해. 그래서 '작은 차'를 compact car라고 하는 거야.

156 **ticket** 표

etiquette 예절 → **netiquette** 인터넷 예절
et-i-kit　　　　　　　　net-i-kit

e-ticket 전자항공권　　↖　↑
ee-**tik**-it

ticket office 매표소 ← **ticket** 표 → **ticketing** 매표
tik-it-**of**-is　　　　　　**tik**-it　　　　　**tik**-it-ing

　　　　　　　　　↑
　　　　tick 똑딱거리는 소리 → **tickle** 간지럼을 태우다
　　　　tik　　　　　　　　　　**tik**-uhl

　　　　　　　　　　　　　　　　↓
　　　　　　　　　　　ticklish 간지럼을 타는
　　　　　　　　　　　tik-lish

영단어 tick은 원래 무언가를 가볍게 살짝 만져서 느끼는 것을 의미했어. 시계 초침이 가면서 내는 소리나, 택시에 있는 요금표시기가 내는 소리처럼 똑딱거리는 소리를 tick이라고 하는데, 가벼운 소리를 살짝 느낄 수 있게 만들어서 그렇게 불린 거야. tick에서 나온 tickle은 사람의 몸을 가볍게 만져서 간지럼을 태우는 간지럼을 태우다라는 뜻이고 형용사로 쓰이는 ticklish는 간지럼을 타는이라는 뜻이야.

tick에서 파생된 ticket은 작은 종이에 살짝 알 수 있도록 간단한 내용이 적혀 있는 쪽지나 메모를 의미했지만, 현재는 여행이나 관람에 쓰이는 조그만 종이인 티켓, 표를 의미해서 ticketing은 차표나 입장권을 파는 매표를 뜻해.

ticket에서 나온 몇 가지 단어들을 보면 office와 합쳐진 ticket office는 표를 살 수 있게 판매하는 매표소를 의미하고 앞에 e를 붙인 e-ticket은 electronic ticket을 줄인 말로 컴퓨터의 전산을 통해 항공권을 발급받는 전자항공권을 뜻하는 말이야.

영화나 공연을 보기 위해 꼭 필요한 것이 ticket이라면 공연장에서 지켜야 할 최소한의 태도인 에티켓은 영어로 etiquette이고 예절, 예의를 뜻해. 형태가 ticket과 많이 달라 보이지만 같은 단어야. ticket이 프랑스에서 쓰이면서 모습이 바뀌었기 때문이지. 프랑스에서는 앞의 e를 제외하고 발음하기 때문에 발음까지 ticket과 유사해. etiquette 앞에 network의 줄임말인 n을 붙인 netiquette는 인터넷에서 사용되는 인터넷 예절을 의미해.

연습하기
빈칸에 적절한 뜻과 철자를 넣으세요.

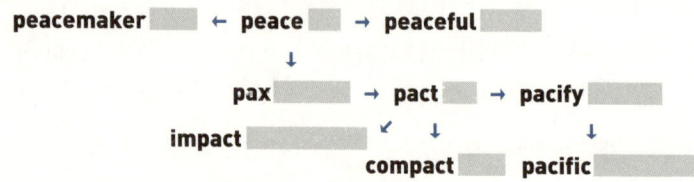

peace☐☐☐☐☐ 중재자 ← ☐☐☐☐☐ 평화 → peace☐☐☐ 평화로운
　　　　　　　　　　　↓
　　　　　　pax 평화, 우정 → pact 언약 → pac☐☐☐ 진정시키다
　　☐☐pact 영향; 영향을 주다 ↙ ↓ 　　　　　　↓
　　　　　　　　　　☐☐☐pact 소형의　　pacif☐☐ 평화로운; 태평양

```
                    etiquette      →  netiquette
e-ticket        ↖    ↑
ticket office  ←  ticket  →  ticketing
                    ↑
                  tick    →  tickle
                              ↓
                            ticklish
```

```
                         □tiquette 예절  →  □etiquette 인터넷 예절
□-ticket 전자항공권  ↖   ↑
ticket □□□□□□ 매표소  ←  tick□□ 표  →  ticket□□□ 매표
                              ↑
                         tick 똑딱거리는 소리  →  tick□□ 간지럼을 태우다
                                                    ↓
                                              tickl□□□ 간지럼을 타는
```

157 **league** 연합, 리그

colleague 동료 → **colleagueship** 동업 관계
kol-eeg   kol-eeg-ship
↑
league 연합 → **leaguer** 연합된 선수
leeg   lee-ger
↓
lig → **religion** 종교 → **religious** 독실한, 종교의
         ri-**lij**-uhn   ri-**lij**-uhs
                ↓
         irreligion 무종교 → **irreligious** 무종교의
         ir-i-**lij**-uhn   ir-i-**lij**-uhs

league는 원래 '묶다'는 뜻에서 나온 단어로 여러 나라가 정치적, 군사적, 경제적으로 서로 돕고 보호하기 위해 하나로 묶은 하나의 큰 연합을 뜻해. 또 스포츠를 통해서 연합되어 있는 팀들끼리 경기를 가지는 리그를 뜻하기도 해서 미국에서 가장 뛰어난 야구 선수들로 구성한 경기가 major league(메이저 리그)이고 그보다 실력이 떨어지는 선수들의 경기가 minor league(마이너 리그)야. 영국에서 가장 뛰어난 축구 선수들의 경기는 Premier League(프리미어 리그)이고 이러한 경기를 뛰는 연합된 선수나 단체를 leaguer라고 말해.

league 앞에 com이 붙으면서 철자가 변화된 colleague는 함께 연합된 사람을 나타내는 동료를 뜻하고 colleagueship은 이렇게 함께하는 사람의 관계를 뜻하는 동업 관계를 의미해.

league는 과거에 lig로 사용되었고 접두사 re를 붙인 relig를 파생시켰어. relig는 현재는 쓰지 않지만 접미사 ion을 붙인 religion이 생겨났지. religion은 사람의 마음이 신을 믿는 믿음 안에 묶여 있다고 해서 생긴 단어로 종교라는 뜻을 지니게 되었고, 형용사인 religious는 이러한 믿음이 충실한 독실한, 종교의라는 뜻으로 쓰이는 단어야. religion 앞에 '부정'을 나타내는 in을 붙인 irreligion은 신앙이 없는 무종교나 종교를 반대하는 반종교를 뜻하고, 형용사로 쓰이는 irreligious는 무종교의, 반종교적인을 뜻해.

158 medic 의사, 의학생, 위생병

medication 약, 약물
med-i-**key**-shuhn

medicine 의학, 약
med-uh-sin

medicate 약물을 투여하다
med-i-keyt

remedy 치료, 해결책
rem-i-dee

medic 의사, 의학생
med-ik

medical 의학의
med-i-kuhl

meditate 명상하다
med-i-teyt

meditation 명상
med-i-**tey**-shuhn

medicus는 사람을 고치는 '치료하다'는 뜻으로 사용되었던 고전 라틴어였고 현대 영어로 오면서 medic으로 모습이 변했어. medic은 사람을 치료하는 의사나 의사가 되기 위해 공부하는 의학생을 뜻하지만 특히 미국에서는 군대에서 위생이나 간호를 담당하는 위생병을 뜻하는 단어로 사용하기도 해. medic에서 나온 형용사 medical은 의학의라는 뜻이고 medicine은 의학이나 약을 의미해. 참고로 '의과대학'은 medical school이고, '가정에서 사용하는 구급상자'는 medicine chest인데 '구급차나 의무실에 비치하는 구급상자'는 first-aid kit라고 해. 여기서 first aid는 갑자기 사고가 발생하면 맨 먼저 해야 하는 '응급치료'를 뜻하고 kit는 도구나 장비의 '세트'를 말하는 거야.

medic에서 파생되어 동사로 사용되는 medicate는 약물을 투여하다는 뜻이고 medication은 medicine과 똑같이 약이나 약물을 의미하는 단어야.

medic이 의사가 되기 위해 공부하는 '의학생'을 뜻한다고 했는데 medic에서 파생된 meditate는 자기 자신 안에 있는 내면을 스스로 보고 공부하는 것을 의미해. 그래서 눈을 감고 조용히 생각하는 명상하다, 묵상하다는 뜻을 지니게 되었고 명사로 쓰이는 meditation은 명상이나 묵상을 의미해.

medic에 접두사를 붙여서 생겨난 remedy는 병이나 상처 등을 고치는 치료라는 뜻과 어떠한 문제가 발생했을 때 상처를 치료하는 것처럼 문제를 해결하려 도움을 주는 구제나 해결책을 뜻하는 단어야.

연습하기

빈칸에 적절한 뜻과 철자를 넣으세요.

```
colleague      → colleagueship
   ↑
league   → leaguer
   ↓
   lig → religion   → religious
              ↓
           irreligion   → irreligious
```

```
   □□league 동료 → colleague□□□□ 동업 관계
      ↑
league 연합 → leagu□□ 연합된 선수
      ↓
   lig → relig□□□ 종교 → religio□□ 독실한, 종교의
                    ↓
              □□religion 무종교 → irreligio□□ 무종교의
```

```
                                    medication
                                        ↑
              medicine              medicate
                  ↑              ↗
remedy     ←    medic       →    medical
                  ↓
              meditate      →    meditation
```

```
                                    medicat□□□ 약, 약물
                                        ↑
              medic□□□ 의학, 약       medic□□□ 약물을 투여하다
                  ↑              ↗
□□medy 치료, 해결책 ←  medic 의사, 의학생  →  medic□□ 의학의
                  ↓
              meditate 명상하다  →  meditat□□□ 명상
```

159 mid 중간의

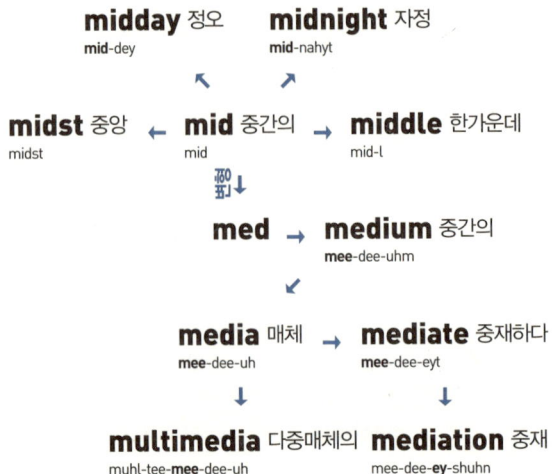

midday 정오
mid-dey

midnight 자정
mid-nahyt

midst 중앙
midst

mid 중간의
mid

middle 한가운데
mid-l

발음↓

med → **medium** 중간의
mee-dee-uhm

media 매체 → **mediate** 중재하다
mee-dee-uh   mee-dee-eyt

multimedia 다중매체의   **mediation** 중재
muhl-tee-**mee**-dee-uh   mee-dee-**ey**-shuhn

중간의를 뜻하는 형용사 mid에서 파생된 단어 중에는 앞에서 배운 단어들과 유사한 단어가 많으니 주의해서 보자.

mid에서 나온 middle은 중앙이나 한가운데를 의미하고, midst는 middle과 같은 뜻인 중앙을 뜻해. mid에 day를 붙인 midday는 하루의 중간인 낮 12시를 의미하는 정오나 한낮을 뜻하고, '밤'을 뜻하는 night를 붙인 midnight는 밤 12시를 의미하는 자정이나 한밤중을 의미해.

mid가 변형된 med에 접미사 ium을 붙인 medium은 mid와 같은 뜻인 중간의라는 뜻이야. 레스토랑에서 스테이크를 주문할 때는 rare(살짝 익힌), medium, well done(바짝 익힌)의 세 가지에서 굽기 정도를 선택할 수 있는데 medium은 중간을 뜻하기 때문에 특별한 의미가 있지는 않아.

 medium에서 파생된 media는 중간에 서서 한쪽을 다른 쪽에 연결하는 매체를 의미하지만 현재는 신문, 잡지, 방송 등을 통해서 사람한테 전하는 것인 대중매체(mass media)로도 사용해. 컴퓨터는 여러 가지 일을 동시에 하기 때문에 멀티미디어라고 하고, 그러한 시스템을 작동시키는 윈도(Windows)를 멀티미디어 시스템이라고 하지. '많은, 다수'를 뜻하는 multi를 media에 앞에 붙인 multimedia는 여러 가지 매체를 복합적으로 행하는 것을 표현한 다중매체의라는 뜻이 있어. media에서 나온 mediate는 어떠한 문제 가운데 들어와서 문제를 해결하는 중재하다, 화해시키다는 뜻이고, 명사 mediation은 중재나 화해를 의미해.

160 **ware** 상품, 제품

unaware 알지 못하는
uhn-uh-**wair**

aware 알고 있는 → **awareness** 의식
uh-**wair**   uh-**wair**-nis

beware 조심하다
bih-**wair**

unwary 부주의 ← **wary** 경계하는 ← **ware** 상품 → **warehouse** 창고
uhn-**wair**-ee   **wair**-ee   wair   **wair**-hous

software 소프트웨어
sawft-wair

warning 경고 ← **warn** 경고하다   **hardware** 본체
wawr-ning   wawrn   **hahrd**-wair

심혈을 기울여 물건을 만드는 사람을 장인이라고 하고, 그러한 정신을 장인정신이라고 말해. 과거 서양에서도 온 힘을 다해 물건을 만들고 다루는 것을 의미하는 단어가 있었는데 바로 ware야. 처음에는 어떠한 것을 조심스럽게 다루거나 보호하는 의미로 쓰이다가 나중에는 팔기 위해 전력을 기울여 만든 상품과 누군가가 훔쳐가지 않게 주의 깊게 보면서 보호하는 상품을 의미하기 시작했어. 하지만 시대가 바뀌고 공장이 들어서기 시작하면서 사람들은 손수 물건을 만들기보다는 공장을 통해 쉽게 만들게 되었고 ware도 일반적으로 팔려고 만드는 상품, 제품을 의미하게 되었어. 그래서 warehouse는 이러한 물건을 보관하는 장소인 창고를 뜻해.

컴퓨터에 사용되는 제품(프로그램)을 hardware와 software로 구분하는데, hardware는 기본이 되는 컴퓨터의 제품을 의미하는 본체이고 software는 본체가 제대로 작동할 수 있도록 운영해주는 프로그램 제품인 소프트웨어야.

ware가 가진 '주의 깊게 보는 상품'이라는 뜻에서 파생된 형용사 wary는 경계하는, 조심하는이라는 뜻이고, 앞에 '부정'을 나타내는 un을 붙인 unwary는 부주의야. 동사로 쓰여서 생겨난 warn은 다른 사람에게 조심하라고 주의를 주는 경고하다이고 warning은 경고나 주의를 말해.

ware에서 파생되어 동사로 쓰이는 beware는 조심하다, 주의하다는 뜻이고, 앞에 a를 붙인 aware는 어떠한 것을 주의 깊게 바라보아서 이해하게 되는 알고 있는, 의식 있는이라는 뜻이야. aware에서 파생된 awareness는 의식을 뜻하고 앞에 un을 붙인 unaware는 알지 못하는을 뜻해.

쉬어가기

War is worse the most!

'전쟁'을 뜻하는 영단어 war는 과거에 wor로 사용되다가 현대영어로 와서 모습이 변했어. war는 형용사 bad의 비교급으로 '더 나쁜'이라는 뜻을 지닌 worse에서 파생된 단어로 나쁜 상황들이 서로 얽혀져서 무력으로 서로 싸우고 죽이게 되는 '전쟁'을 뜻하게 되었어.
1980년대 말부터 1990년대 초까지 한국에서는 미국의 프로 레슬링인 WWF(현재 WWE)가 크게 유행해서 어린 학생들이 경기 장면을 흉내 내곤 했어. 그중에서도 가장 인기 있는 선수는 화려한 분장과 쇼맨십을 보여주는 워리어(Warrior)와 큰 덩치로 멋진 기술을 자랑하는 헐크 호건(Hulk Hogan)이었어. 워리어라는 이름도 전쟁을 뜻하는 war에서 나온 warrior로 전쟁에 능숙하고 언제나 전쟁에 대비해 훈련하는 '전사'를 뜻해. 헐크 호건은 당시 인기 있었던 드라마 제목 The Incredible Hulk에서 따온 이름으로, hulk는 '덩치가 크고 거대한 사람'을 뜻해.

연습하기
빈칸에 적절한 뜻과 철자를 넣으세요.

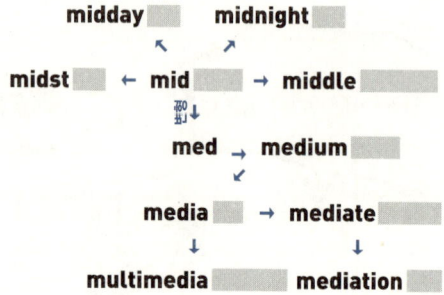

```
            mid□□ 정오    mid□□□□ 자정
                    ↖       ↗
mid□□ 중앙  ←  mid 중간의  →  mid□□□ 한가운데
                    변화↓
              med  →  med□□□ 중간의
                    ↙
          med□□ 매체  →  media□□ 중재하다
               ↓                    ↓
         □□□□media 다중매체의   mediat□□□ 중재
```

194

```
                        unaware
                           ↑
                        aware    → awareness
              beware   ↗  ↑
unwary  ←  wary  ←  ware  →  warehouse
           ↓        ↓      ↘
warning ← warn    hardware    software
```

```
                              □□aware 알지 못하는
                                    ↑
                              □ware 알고 있는 → aware□□□□ 의식
                 □□ware 조심하다  ↗   ↑
□□wary 부주의 ← war□ 경계하는 ← ware 상품 → ware□□□□ 창고
                      ↓           ↓         ↘
warn□□□ 경고  ←  war□ 경고하다   hardware 본체   software 소프트웨어
```

195

161 simulation 시뮬레이션

resemble 닮다
ri-**zem**-buhl

ensemble 합주단, 무용단
ahn-**sahm**-buhl

assemble 조립하다 ← **semble**　**simulation** 시뮬레이션
uh-**sem**-buhl　　　　　　　　　　sim-yuh-**ley**-shuhn

assembly 집회, 조립　**simul** → **simulate** 흉내 내다
uh-**sem**-blee　　　　　　　　　　　sim-yuh-leyt

　　　　　　　　　simil　**simulator** 시뮬레이터
　　　　　　　　　　　　　sim-yuh-ley-ter

similarity 유사점 ← **similar** 유사한 → **similarly** 유사하게
sim-uh-**lar**-i-tee　　sim-uh-ler　　　sim-uh-ler-lee

과거에 사용되었던 simul은 무언가를 유사하고 비슷하게 만드는 것을 의미한 라틴어였어. simul에서 영단어 simulate가 나왔고 무언가를 비슷하게 따라 하는 흉내 내다, 가장하다는 의미로 쓰이게 되었지. 현대로 와서는 실제의 모습을 대체하기 위해 컴퓨터로 실제처럼 실험하는 모의 실험하다는 뜻까지 생겨났어. simulate에서 파생된 명사 simulation은 모의실험인 시뮬레이션이고 simulator는 모의실험 장치인 시뮬레이터를 말해.

simul에 접미사 ar을 붙인 simular는 similar로 변형되었고 유사한, 비슷한을 뜻하게 되었어. 여기에서 파생된 부사 similarly는 유사하게, 비슷하게이고 명사로 쓰이는 similarity는 유사점이나 닮음을 뜻해.

simul은 나중에 프랑스에 건너가 사용되면서 모습이 semble로 바뀌었고 접두사를 붙여서 다양한 영단어를 파생시켰어. 앞에 re를 붙인 resemble은 동사로 닮다, 유사하다는 뜻이야. 앞에 ad를 붙인 assemble은 이러한 닮은 것들을 모아놓는 것을 의미해서 모으다, 조립하다라는 뜻으로 쓰이고 있어. assemble에서 나온 assembly는 언뜻 보기에는 부사나 형용사로 만드는 접미사 ly를 붙인 것 같지만, 명사로 만들기 위해 y를 붙인 거야. 이 단어는 사람들을 한자리에 모아놓는 집회나 의회를 뜻하고 물건들을 모아서 하나로 만드는 조립을 의미해. 여러 사람이 모여 조화롭게 곡을 연주하는 것을 앙상블을 이룬다고 말하는데 semble에 접미사 en을 붙인 ensemble이야. 이 단어가 프랑스에서 여러 사람을 모아 하나의 음악을 조화롭게 만드는 앙상블을 뜻하다가 영어로 넘어오면서 합주단이나 무용단을 뜻하게 되었어.

162 nose 코

trunk 코끼리 코
truhngk

↑

snout 돼지 코　　**snore** 코골이　→　**snorer** 코를 고는 사람
snout　　　　　　　snawr　　　　　　　　snawr-er

↖　↑

nose 코　→　**nese**　**sneeze** 재채기　→　**sneezer** 재채기를 한 사람
nohz　　　　변형　　sneez　　　　　　　　snee-zer

↓

snort 콧방귀를 뀌다　**snot** 콧물　→　**snooty** 콧물의
snawrt　　　　　　　snot　　　　　　snoo-tee

nose는 사람의 얼굴에서 냄새를 맡거나 숨을 쉬는 역할을 하는 코를 의미하는 영단어야. 이번에는 nose에서 파생된 다양한 단어들과 그 역할들을 알아보자.

nose에서 파생된 nese도 똑같이 '코'를 의미했지만, 현재는 쓰이지 않는 단어야. 하지만 nese에서 파생되어 변형된 단어들은 앞에 s를 붙인 채로 사용하게 되었고 여전히 코와 관련된 뜻을 지니고 있어.

무언가가 코에 신경을 자극하여 발생하게 되는 재채기를 nese에서 파생한 sneeze라 하고 재채기를 한 사람을 가리켜 sneezer라고 불러. snot는 사람이나 동물의 코에서 흐르는 콧물을 의미하는 단어이고 형용사로 쓰이는 snooty는 콧물의, 콧물범벅의라는 뜻으로 쓰이는 단어이지. 사람이 잠을 잘 때 코를 통해서 소리를 내는 코골이를 영어로는 snore라고 하고 코를 고는 사람은 snorer라고 불러.

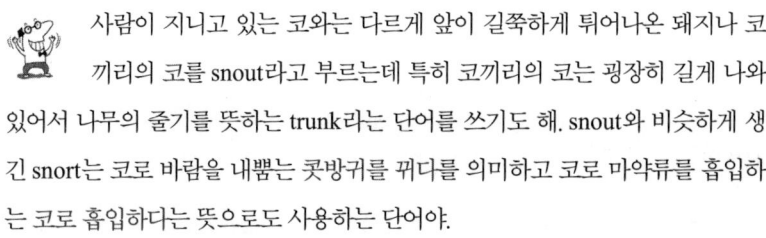 사람이 지니고 있는 코와는 다르게 앞이 길쭉하게 튀어나온 돼지나 코끼리의 코를 snout라고 부르는데 특히 코끼리의 코는 굉장히 길게 나와 있어서 나무의 줄기를 뜻하는 trunk라는 단어를 쓰기도 해. snout와 비슷하게 생긴 snort는 코로 바람을 내뿜는 콧방귀를 뀌다를 의미하고 코로 마약류를 흡입하는 코로 흡입하다는 뜻으로도 사용하는 단어야.

연습하기
빈칸에 적절한 뜻과 철자를 넣으세요.

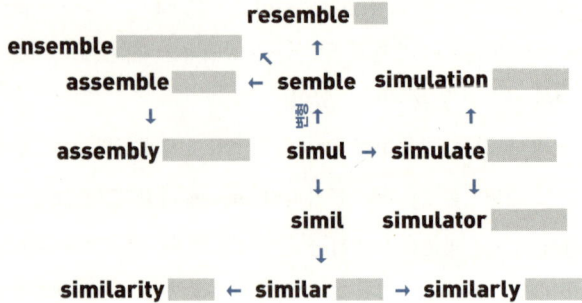

```
                              □□semble 닮다
    □□semble 합주단, 무용단            ↑
            □□semble 조립하다  ←  semble   simulat□□□ 시뮬레이션
                    ↓            평판↑              ↑
            assembly 집회, 조립     simul  →  simul□□□ 흉내 내다
                                  ↓              ↓
                                 simil      simulat□□ 시뮬레이터
                                  ↓
  similar□□□ 유사점  ←  simil□□ 유사한  →  similar□□ 유사하게
```

```
trunk
  ↑
snout      snore  →  snorer
   ↖  ↑
     변형
nose  →  nese  →  sneeze  →  sneezer
      ↓  ↘  snot  →  snooty
   snort
```

---

trunk 코끼리 코

snout 돼지 코

☐☐☐☐☐ 코끌이 → **snore**☐ 코를 고는 사람

☐☐☐☐ 코 →변형 **nese** → ☐☐☐☐☐☐ 재채기 → **sneez**☐☐ 재채기를 한 사람

☐☐☐☐ 콧물 → **sno**☐☐☐ 콧물의

snort 콧방귀를 뀌다

163 **noise** 소음

nocent 해로운 → **innocent** 결백한 → **innocence** 결백
noh-suhnt   in-uh-suhnt   in-uh-suhns

nuisance 폐 ← **nuise** 변형 **noy** → **annoy** 짜증 나게 하다
noo-suhns   uh-**noi**

noise 소음   **annoyance** 짜증
noiz   uh-**noi**-uhns

noisy 시끄러운
noi-zee

이번에는 앞에서 배운 nose와 비슷하게 생긴 영단어 noise가 어떻게 생겨났는지 알아보자.

nuise는 '남에게 손상을 입히다'는 뜻을 지녔었고 현재는 사용되지 않는 단어야. 하지만 이 단어를 통해서 파생된 명사 nuisance는 남에게 해를 끼치는 폐나 불법 방해라는 뜻으로 사용되고 있어.

nuise가 변형되어 사용하게 된 noise는 불쾌하고 시끄러운 소리를 통해 남에게 불편을 주고 고통을 주는 것을 뜻하다가 그러한 불쾌한 소리를 의미하는 소음이나 잡음이라는 뜻으로 쓰이게 되었어. 형용사로 쓰이는 noisy는 시끄러운, 떠들썩한이라는 의미를 지니고 있어.

원어 nuise가 변형되면서 또 다른 단어인 nocent가 나오게 되었는데 이 단어는 많이 쓰이지는 않지만 해로운, 유죄의라는 뜻으로 사용해. nocent 앞에 '반대'를 나타내는 in을 붙인 innocent는 죄나 해로운 것이 없는 상태를 표현하는 결백한, 무죄한이라는 뜻이고, 명사로 쓰이는 innocence는 결백이나 무죄를 의미하는데 두 단어 모두 상당히 자주 쓰이니 꼭 기억해둬.

nuise가 변형된 noy는 앞에 접두사 ad를 붙인 annoy라는 단어를 파생시켰어. annoy는 안 좋은 언행을 통해 사람을 괴롭혀서 짜증 나게 하다, 성질나게 하다라는 뜻이고 명사로 쓰이는 annoyance는 짜증을 뜻하는 단어야.

164 circle 동그라미, 원, 교우관계, 집단

encircle 둘러싸다
en-**sur**-kuhl

semicircle 반원
sem-i-**sur**-kuhl

circus 서커스
sur-kuhs

circle 동그라미
sur-kuhl

변형 **circul**

circuit 순회, 회로
sur-kit

circular 순환하는
sur-kyuh-ler

circumstance 상황
sur-kuhm-stans

circulate 순환하다
sur-kyuh-leyt

circumstantial 정황적인
sur-kuhm-**stan**-shuhl

circulation (혈액) 순환
sur-kyuh-**ley**-shuhn

circle은 일반적으로 눈으로 볼 수 있는 동그라미나 원을 뜻하지만, 보이지 않는 사람들과의 관계가 마치 원안에 이루어져 있다는 의미에서 교우관계나 집단을 뜻하기도 해.

대학교에서 서로의 관심사나 이해관계가 맞아서 함께 하는 동아리를 서클이라고 부르는데, 미국에서는 대학교에 동아리가 따로 존재하지 않고 학생들이 취미로 이러한 모임을 하는 것을 club이라고 말해.

circle 앞에 접두사 en을 붙인 동사 encircle은 무언가를 둥글게 감싸는 둘러싸다는 뜻이고 앞에 '반'을 뜻하는 semi를 붙인 semicircle은 반으로 되어 있는 반원을 뜻해. 참고로 완벽하게 차려입은 정장이 아니라 '어느 정도 정장의 형식을 갖춘 옷'을 semiformal이라고 말하기도 해.

circle의 모습이 변화해서 circul이 되었고, 뒤에 '가다'는 뜻을 지닌 it를 붙인 circuit이 생겼는데 반복해서 여러 곳을 도는 순회나 전기의 회로를 의미해. circular는 순회하는, 원형의라는 뜻을 나타내는 단어야. 접미사 ate를 붙인 동사 circulate는 순환하다를 뜻하고 명사인 circulation은 순환을 의미하는데 특히 혈액순환으로 많이 쓰이지.

circle은 눈에 보이지 않는 것도 의미하는데, circumstance는 circle과 stand가 합쳐진 단어로 자신의 주위에 눈에 보이지 않는 무언가 서 있는 것을 의미해. 그래서 발생하는 상황이나 환경을 뜻하고, 형용사로 쓰이는 circumstantial은 어떠한 일이 발생한 상황을 표현하는 정황적인이지.

말을 타고 공연하는 circus도 circle에서 나왔고, 원래는 마차경기를 관람하는 고대 로마의 원형극장을 의미했지만 지금은 원형으로 된 관람석을 가진 서커스를 말해.

연습하기
빈칸에 적절한 뜻과 철자를 넣으세요.

```
                nocent     →  innocent   →  innocence
                    ↑명사
nuisance  ←  nuise  →변형 noy  →  annoy      →  annoyance
                    ↓명사
                noise    →  noisy
```

nocent 해로운 → □□nocent 결백한 → innocen□□ 결백
        ↑명사
nuisance 폐 ← nuise →변형 noy → □□noy 짜증 나게 하다 → annoy□□□□ 짜증
        ↓명사
n□ise 소음 → nois□ 시끄러운

```
                    encircle          semicircle
                        ↑           ↗
    circus  ←  circle  →변형  circul  →  circuit
                        ↓           ↓       ↘
               circumstance     circulate   circular
                        ↓           ↓
              circumstantial   circulation
```

```
                    □□circle 둘러싸다    □□□□circle 반원
                        ↑           ↗
  □□□□□□ 서커스 ← circle 동그라미 →변형 circul → circu□□ 순회, 회로
                        ↓           ↓       ↘
                                            circul□□ 순회하는
              circum□□□□□□ 상황   circul□□□ 순환하다
                        ↓           ↓
         circumstan□□□□ 정황적인   circulat□□□ (혈액) 순환
```

165 scene 무대, 배경, 장면

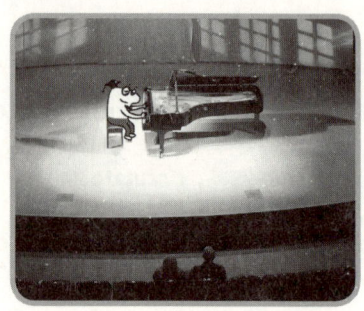

scenario 각본 → **scenarist** 작가
si-**nair**-ee-oh si-**nair**-ist
↑
scene 무대, 장면 → **scenery** 경치 → **scenic** 경치의
seen see-nuh-ree see-nik
↓
obscene 음란한 → **obscenity** 외설
uhb-**seen** uhb-**sen**-i-tee

scene은 주변에서 흔히 접할 수 있는 영단어로 다양한 의미를 가지고 있어. 이 단어가 처음 사용된 것은 그리스, 로마 시대에서 사람들이 볼 수 있게 공연을 벌이는 장소인 무대나 배경이라는 뜻으로 사용되면서부터야. 그 후에는 사람들이 볼 수 있는 무대에서 벌어지는 장면을 의미하게 되었어. 그래서 현재 영화에 등장하는 러브 씬이나 액션 씬이라는 표현은 바로 scene을 사용한 표현이야.

scene에서 파생된 단어가 scenery로 자연 속에서 볼 수 있는 장면인 경치나 풍경을 의미하고, 형용사로 쓰이는 scenic은 경치의, 경치가 좋은이라는 뜻으로 쓰이는 단어야.

영화나 연극을 만들기 위해서 가장 먼저 필요한 것은 배우나 감독보다도 그 바탕을 이루는 각본이지. 각본을 영어로는 scenario라고 말하고, 시나리오를 쓰는 작가를 scenarist라고 해.

참고로 영어에서는 영화의 시나리오를 쓰는 작가를 표현하는 단어가 여러 가지 있어. 먼저 앞에서 소개한 scenarist가 있고, 영화에서 글을 쓰는 사람이라 하여 screenwriter라고 부르기도 하고, 마지막으로 영화의 대본을 쓴다는 데서 scriptwriter라는 단어를 사용하기도 해.

scene이 일반적으로 보여주는 장면을 뜻한다면 앞에 ob를 붙인 obscene은 성적으로 음탐하고 자극적인 것을 표현하는 음란한, 외설적인이란 뜻으로 사용되는 단어야. 그래서 '음란 서적'을 obscene book이라 하고 '음란물'은 obscene material이라고 해. 또한, 명사로 쓰이는 obscenity는 사람의 성적인 욕구를 자극시키는 외설이나 음담을 뜻하는 단어야.

166 stick 막대기; 찌르다, 붙다, 달라붙다

sticker 스티커
stik-er
↑
stick 막대기; 찌르다 → **sting** 찌르다 **distinguish** 구별하다
stik   sting   dih-**sting**-gwish
              강화 ↓   ↑
extinguish 불을 끄다 ← **extingue** ← **stingue** → **distingue**
ik-**sting**-gwish
↓   ↓   ↓
extinguisher 소화기   **extinct** 멸종된   **distinct** 별개의, 뚜렷한
ik-**sting**-gwi-sher   ik-**stingkt**   dih-**stingkt**
   extinction 멸종
    ik-**stingk**-shuhn   ↓   ↘
                  extinctive 소멸의   **distinction** 구별   **distinctive** 독특한
                  ik-**stingk**-tiv   dih-**stingk**-shuhn   dih-**stingk**-tiv

나무에서 부러지거나 잘린 나뭇가지를 의미한 stick은 나무의 토막인 막대기를 뜻하고 잘린 나뭇조각은 앞이 뾰족해서 찌르다는 뜻이 생겼어. 그 후 stick은 찔러서 고정돼 버린 붙다, 달라붙다는 뜻도 생겨났어. 평상시에 무언가를 접착하기 위해 사용하는 스티커는 접미사 er을 붙인 sticker를 말해.

stick의 '찌르다'는 뜻에서 생겨난 sting은 곤충이 침을 쏘는 쏘다와 찌르다를 뜻해. 프랑스에서는 stingue로 모습이 변화했는데, 과거에 프랑스에서는 '불을 끄다'는 뜻의 stingue가 이미 존재했어. 그래서 stingue에 접두사 dis를 붙인 단어들은 '찌르다'는 뜻을 지닌 채 파생되었고, 접두사 ex를 붙인 단어들은 '불을 끄다'는 뜻에서 파생되었지만 같은 형태를 보이게 된 거야.

'분리'를 뜻하는 dis를 붙인 distingue에 동사로 만드는 접미사 ish를 붙인 distinguish는 찔러서 다른 것과 구분해서 놓는 구별하다는 뜻이야. distingue에서 나온 distinct는 다른 것과 구별된 것을 표현하는 별개의라는 뜻과 평범하지 않고 남들보다 뛰어나게 구별되어 진다하여 뚜렷한, 분명한이라는 뜻이 있어. 명사로 만드는 ion을 붙인 distinction은 남들과 다른 차이나 구별을 뜻하고, 형용사로 만드는 ive를 붙인 distinctive는 특별하게 다른 독특한이라는 뜻이야.

접두사 ex를 붙인 extingue에 ish를 붙인 extinguish는 불을 끄다는 원어의 뜻 그대로 현대영어에서 사용하고 있어. extinguisher는 불을 끄기 위해 사용되는 소화기를 의미해. 형용사인 extinct는 불이 완전히 꺼진 것처럼 무언가가 다 없어진 것을 표현하는 멸종된, 사라진이야. 명사로 쓰이는 extinction은 멸종이나 소멸을 의미하고, 형용사인 extinctive는 소멸의, 소멸성의를 뜻하지.

 **연습하기**
빈칸에 적절한 뜻과 철자를 넣으세요.

scenario → scenarist
↑
scene → scenery → scenic
↓
obscene → obscenity

---

scen☐☐☐☐ 각본 → scenari☐☐ 작가
↑
scene 무대, 장면 → scene☐☐ 경치 → scen☐☐ 경치의
↓
☐☐scene 음란한 → obscen☐☐☐ 외설

```
                    sticker
                      ↑
                    stick         →  sting          distinguish
                                  평행↓                   ↑
extinguish  ←  extingue  ←  stingue  →  distingue
     ↓              ↓                        ↓
extinguisher    extinct                  distinct
extinction      ↙    ↓                      ↙      ↘
             extinctive          distinction   distinctive
```

```
                    stick□□ 스티커
                      ↑
                    stick 막대기; 찌르다  →  sti□□ 찌르다   distingu□□□ 구별하다
                                        평행↓                ↑
extingu□□□ 불을 끄다  ←  extingue  ←  stingue  →  distingue
     ↓                      ↓                          ↓
extinguish□□ 소화기    extin□□ 멸종된          distin□□ 별개의, 뚜렷한
extinct□□□ 멸종         ↙    ↓                    ↙        ↘
                   extinct□□□ 소멸의   distinct□□□ 구별   distinct□□□ 독특한
```

167 sect 분파, 종파

insecticide 살충제
in-**sek**-tuh-sahyd

insectivore 식충동물
in-**sek**-tuh-vawr

intersection 교차로
in-ter-**sek**-shuhn

insect 곤충
in-sekt

sector 부채꼴, 분야
sek-ter

intersect 교차하다
in-ter-**sekt**

sect 분파
sekt

section 부분, 구역
sek-shuhn

dissect 해부하다
dih-**sekt**

dissection 절개, 해부
dih-**sek**-shuhn

영단어 sect는 원래 '자르다'는 뜻으로 쓰였던 단어였는데, 나중에는 종교적으로 잘려진 분리된 길을 따른다고 해서 분파나 종파로 쓰이게 되었어. 여기서 파생된 section은 잘려서 생긴 어떠한 부분이나 구역 등을 의미하고, 신문이나 TV에서 소개하는 섹션은 전체를 부분적으로 나누어서 소개하는 것이나, 따로 부분적인 부분이 추가되어 있음을 뜻하는 거야. 뒤에 or을 붙인 sector는 section과 똑같이 부분을 뜻하지만, 특히 수학이나 도면에서 원의 일정한 부분을 의미하는 부채꼴이나 경제나 사회의 한 축을 이루는 분야라는 뜻으로 사용해.

곤충의 몸은 동물과는 다르게 머리, 가슴, 몸통의 세 부분으로 나뉘어. 이렇게 부분적으로 분리되어 있다는 의미에서 sect에서 파생된 insect가 곤충이 되었고, 뒤에 '죽이다'는 뜻의 접미사 cide를 붙인 insecticide는 곤충을 죽이는 살충제를 의미해. 뒤에 '삼키다, 먹다'는 뜻의 라틴어 vora를 붙인 insectivore는 곤충이나 벌레를 잡아먹고 사는 식충동물을 의미해.

잠시 vora가 붙어서 생긴 단어들을 살펴보자. 먼저 동물이나 사람의 '살'을 뜻하는 라틴어 carni와 합쳐진 carnivore는 육식을 하는 '육식동물'을 의미하고, '풀'을 의미하는 herb와 합쳐진 herbivore는 주로 풀을 먹는 '초식동물'을 뜻해. 앞에 '전체'나 '전부'를 뜻하는 omni를 붙인 omnivore는 무언이든지 가리지 않고 먹는 '잡식 동물'을 의미해.

다시 sect로 가서 앞에 inter를 붙인 intersect는 길이 서로 엇갈리는 교차하다는 뜻이고 intersection은 교차로를 의미해. 앞에 dis를 붙인 dissect는 사람이나 동물의 몸을 자르는 해부하다는 뜻이고 dissection은 절개나 해부를 의미하는 단어이지.

168 prophet 선지자, 예언자

prophesy 예언하다
prof-uh-sahy

↑

prophecy 예언
prof-uh-see

↑

underemphasize 충분히 강조하지 않다
uhn-der-**em**-fuh-sahyz

↑

phat → **prophet** 예언자
prof-it

↘ **prophetic** 예언의
pruh-**fet**-ik

underemphasis 강조 부족
uhn-der-**em**-fuh-sis

↖ ↓

overemphasis 지나친 강조 ← **emphasis** 강조 → **emphasize** 강조하다
oh-ver-**em**-fuh-sis   em-fuh-sis   em-fuh-sahyz

↓ ↓

overemphasize 지나치게 강조하다   **emphatic** 강한, 강조하는
oh-ver-**em**-fuh-sahyz   em-**fat**-ik

↓

emphatically 강조하여
em-**fati**-kuh-lee

그리스어에서 온 '소리'나 '말'이라는 뜻을 지닌 phat은 지금은 쓰이지 않지만 영단어와 합쳐지면서 조금씩 변화되어 사용하고 있어.

'미리'라는 뜻을 지닌 pro와 합쳐진 prophet은 남보다 무언가를 미리 알고 깨달아 선포하는 선지자나 예언자를 뜻하는 단어이고, 형용사로 쓰이는 prophetic은 예언의, 예언적인이라는 의미를 지니고 있어. 명사로 쓰이는 prophecy는 이렇게 미래를 말하는 예언을 뜻하는 단어이고, prophecy의 c를 s로 바꾼 prophesy는 동사로 쓰이며 예언하다는 뜻을 지니고 있지.

in에서 변형된 em을 원어 phat 앞에 붙이고, '행동'이나 '과정'을 뜻하는 접미사 sis를 붙여서 emphasis라는 단어가 생기게 되었어. emphasis는 누군가를 향하여 강하게 말을 하는 강조나 중요성을 뜻하는 단어이고 동사로 쓰이는 emphasize는 강조하다는 의미로 사용되는 단어이지. 형용사로 쓰이는 emphatic은 강한, 강조하는이라는 뜻이고 부사로 쓰이는 emphatically는 강조하여, 단연코라는 의미를 지니고 있어.

emphasis에 '위로'나 '넘어서'라는 뜻을 지닌 접미사 over를 붙인 overemphasis는 어떠한 것에 과도하게 강조를 하는 지나친 강조라는 뜻이고 동사인 overemphasize는 지나치게 강조하다라는 뜻이야. '아래'를 뜻하는 under를 붙인 underemphasis는 앞의 단어와는 반대의 뜻을 지니고 있는 강조 부족을 뜻하고 동사인 underemphasize는 충분히 강조하지 않다는 의미로 사용되고 있어.

연습하기
빈칸에 적절한 뜻과 철자를 넣으세요.

```
        insecticide       insectivore
               ↖        ↗
intersection       insect        sector
      ↑              ↑        ↗
  intersect   ←   sect   →   section
                     ↓
                  dissect    →   dissection
```

```
        insect□□□□□ 살충제     insecti□□□□ 식충동물
                  ↖        ↗
  intersect□□□ 교차로   □□sect 곤충        sect□□ 부채꼴, 분야
         ↑              ↑          ↗
□□□□□sect 교차하다  ←  sect 분파  →  sect□□□ 부분, 구역
                        ↓
                  □□□sect 해부하다  →  dissect□□□ 절개, 해부
```

```
                                    prophesy
                                       ↑
                                    prophecy
                                       ↑
    underemphasize                     ↑
         ↑                  phat  →  prophet
    underemphasis                              ↘ prophetic
         ↖         ↓
    overemphasis  ←  emphasis  →  emphasize
         ↓                    ↓
    overemphasize         emphatic
                              ↓
                         emphatically
```

```
                                    prophe□y 예언하다
                                       ↑
                                    prophe□□ 예언
                                       ↑
    underemphasi□□ 충분히 강조하지 않다     ↑
         ↑                  phat  →  □□□phet 예언자
    □□□□□emphasis 강조 부족                  ↘ prophet□□ 예언의
         ↖         ↓
    □□□□emphasis 지나친 강조 ← emphasis 강조 → emphasi□□ 강조하다
         ↓                    ↓
    overemphasi□□ 지나치게 강조하다  empha□□□ 강한, 강조하는
                              ↓
                         emphatic□□□□ 강조하여
```

169 **telepathy** 텔레파시

sympathetic 동정적인 ← **sympathy** 동정 → **sympathize** 동정하다
sim-puh-**thet**-ik   sim-puh-**thee**   **sim**-puh-thahyz

apathetic 무관심한 ↖
ap-uh-**thet**-ik
　　　　apathy 무관심 ← **pathy** → **telepathy** 텔레파시
　　　　ap-uh-thee   tuh-**lep**-uh-thee

　　　　　　　　　　 경음화 ↓

pathology 병리학 ← **path** → **sociopath** 반사회적 인격 장애인
puh-**thol**-uh-jee   **soh**-see-uh-path

↓　　　　　　↓
pathologist 병리학자 **psychopath** 사이코패스
puh-**thol**-uh-jist   **sahy**-kuh-path

　　　　　　　↓
　　　psychopathy 정신병
　　　sahy-**kop**-uh-thee

telepathy는 멀리 있는 상대가 어떠한 위험한 상황이나 곤란한 환경에 놓여 있을 때, 본인이 마음으로 느끼게 되는 텔레파시를 말하고 '멀리'를 뜻하는 접두사 tele와 '느낌'을 뜻하는 pathy가 합쳐진 영단어야. 이번에는 pathy와 관계있는 영단어를 살펴보자.

앞에 '함께'를 뜻하는 sym을 붙인 sympathy는 다른 사람이 딱하고 어려운 처지에 놓인 것을 자신도 함께 느끼고 안타까워하는 연민이나 동정을 뜻하고, 다른 사람의 생각에 같은 느낌이 드는 동조라는 뜻도 있어. 동사인 sympathize는 동정하다, 동조하다이고 형용사인 sympathetic은 동정적인, 동조적인이라는 뜻이지. 앞에 '없다'는 뜻을 지닌 a를 붙인 apathy는 사람이 지니고 있는 느낌이 전혀 없는 것을 의미하는 무감정이나 무관심을 뜻하고 형용사인 apathetic은 냉담한, 무관심한이라는 의미야.

pathy에서 생겨난 path는 '길'을 뜻하는 영단어와 같은 철자를 지니고 있지만, pathy에서 파생된 path는 따로 사용되지 않고 접미사나 접두사를 붙여서 사용하는 단어야. path는 사람이 무언가로부터 전해지는 느낌이라는 의미를 통해 사람이 '정신적으로나 육체적으로 전해져서 발생하는 병'을 뜻하게 되었고, 나중에는 이러한 '병에 걸린 사람'이나 '병을 치료하는 사람'을 의미할 때도 사용하게 되었어.

path 뒤에 '학문'을 뜻하는 logy를 붙인 pathology는 병을 연구하고 조사하는 학문을 의미하는 병리학이고 pathologist는 병리학자를 의미해. 앞에 '정신병자'를 의미하는 psycho를 붙인 psychopath는 반사회적 인격 장애증을 앓고 있는 환자인 사이코패스를 말하고, psychopathy는 정신병을 말해. '사회'를 뜻하는 socio와 합쳐진 sociopath는 사이코패스와 비슷한 뜻으로 반사회적 인격 장애인을 뜻해.

170 social 사회적인, 사교적인

association 협회, 제휴
uh-soh-see-**ey**-shuhn

dissociation 분리, 분열
dih-soh-see-**ey**-shuhn

associate 어울리다, 연합하다
uh-**soh**-shee-eyt

dissociate 분리하다
dih-**soh**-shee-eyt

socius → **society** 사회
suh-**sahy**-i-tee

socialize 사귀다 ← **social** 사회적인, 사교적인 → **sociality** 사교성
soh-shuh-lahyz   **soh**-shuhl   soh-shee-**al**-i-tee

socialism 사회주의
soh-shuh-liz-uhm

socialist 사회주의자
soh-shuh-list

지금은 잘 사용하지 않는 영단어 socius는 같이 사냥하고 전쟁하는 '동업자'를 의미하는 단어였어. 지금도 마찬가지지만 과거에는 혼자서는 살아갈 수 없었기 때문에 사람들이 함께 모여 부족을 형성하고 집단을 이뤄 생활했지. 이렇게 사람들이 모여 함께 생활하고 집단을 이루는 것을 사회라고 하고 영어로는 socius에서 파생된 society라고 해. social은 socius에 접미사 al을 붙인 단어로 사회적인이라는 뜻과 사람들이 함께 모여 어울리는 것을 의미하는 사교적인이란 의미로 쓰이는 단어야.

social에서 파생된 단어를 보면 먼저 sociality는 사람들과 사귀기 좋아하는 성질인 사교성을 뜻하고 동사로 쓰이는 socialize는 사람들과 어울리는 사귀다, 교제하다로 쓰이는 단어야. 뒤에 접미사 ism을 붙인 socialism은 개인의 사유재산을 폐지하고 자본주의의 잘못된 것들을 사회제도를 통하여 실현하려는 사상인 사회주의이고 socialist는 이러한 사상을 지지하는 사회주의자를 뜻해.

socius 앞에 ad를 붙인 associate는 사람들과 함께 지내는 어울리다라는 뜻과 연합하다는 뜻이 있고 명사인 association은 사람들이 모여서 설립한 협회라는 뜻과 함께 일을 하기 위해 연합된 제휴라는 의미를 지니고 있어. 미국 프로 농구를 뜻하는 NBA는 National Basketball Association의 약자야.

dissociate는 서로 연합하는 것이 아닌 분리하는 것을 의미하는 단어로 분리하다, 관계를 끊다는 뜻이고 명사인 dissociation은 분리와 사람의 인격이나 의식이 분리되는 분열을 뜻하는 단어야.

연습하기
빈칸에 적절한 뜻과 철자를 넣으세요.

```
            sympathetic ▨▨▨ ← sympathy ▨▨▨ → sympathize ▨▨▨
                                    ↑
apathetic ▨▨▨ ← apathy ▨▨▨ ← pathy → telepathy ▨▨▨
                                    뿌리↓
            pathology ▨▨▨ ← path → sociopath ▨▨▨
                    ↓              ↓
            pathologist ▨▨▨   psychopath ▨▨▨
                                    ↓
                         psychopathy ▨▨▨
```

```
      sympath▨▨▨▨ 동정적인 ← ▨▨▨pathy 동정 → sympath▨▨▨ 동정하다
                                    ↑
apathetic 무관심한 ← ▨pathy 무관심 ← pathy → ▨▨▨▨pathy 텔레파시
                                    뿌리↓
            ▨▨▨▨▨logy 병리학 ← path → sociopath 반사회적 인격 장애인
                    ↓              ↓
            patholog▨▨▨ 병리학자   ▨▨▨▨▨▨path 사이코패스
                                    ↓
                         psychopath▨ 정신병
```

```
       association          dissociation
            ↑                    ↑
       associate            dissociate
              ↖            ↗
                socius → society
                   ↓
socialize ← social → sociality
              ↙      ↘
        socialism    socialist
```

```
       associat☐☐☐ 협회, 제휴        dissociat☐☐☐ 분리, 분열
            ↑                           ↑
       ☐☐sociate 어울리다, 연합하다    ☐☐sociate 분리하다
                    ↖            ↗
                      socius → ☐☐☐☐☐☐☐ 사회
                         ↓
social☐☐☐ 사귀다 ← soci☐☐ 사회적인, 사교적인 → social☐☐☐ 사교성
                    ↙            ↘
          social☐☐☐ 사회주의    social☐☐☐ 사회주의자
```

171 **elevator** 엘리베이터

elevation 승진 ← **elevate** 승진시키다 → **elevator** 엘리베이터
el-uh-**vey**-shuhn　　　**el**-uh-veyt　　　　　　　**el**-uh-vey-ter

↑

leve → **lever** 지렛대 → **leverage** 영향력
　　　　　lev-er　　　　　**lev**-er-ij

↓

relief 안심, 완화, 구호품 ← **relieve** 줄이다 → **reliever** 진통제, 완화장치
ri-**leef**　　　　　　　　　ri-**leev**　　　　　　　ri-**lee**-ver

↓　　　　　　↳ **relief pitcher** 구원 투수
　　　　　　　　ri-**leef**-**pich**-er

famine relief 기아 구호품
fam-in-ri-**leef**

고대 프랑스어에서 파생되어 영어로 온 leve는 위로 높이는 '올리다'라는 뜻을 지니고 있었어. 이 단어는 사람들이 사용하지 않게 되었지만 많은 단어를 파생시켰지. 뒤에 er을 붙인 lever는 무거운 물체를 위로 올리는 도구인 지렛대를 의미하고 lever에 접미사 age를 붙인 leverage는 지렛대를 이용하여 자신의 힘이 아닌 기계적으로 얻게 되는 지렛대의 힘이라는 뜻인데 이렇게 무언가에 영향을 받아 힘이 위로 상승한다는 데서 영향력이라는 뜻도 지니게 되었어.

원어인 leve에 접두사 e와 접미사 ate를 붙인 elevate는 동사로서 무언가를 올리는 것을 의미하는 높이다, 올리다는 뜻이고, 특히 직장에서 상사에 의해 위치가 위로 올라가는 승진시키다는 뜻으로도 자주 쓰여. 여기서 파생된 elevator는 아래층에서 위로 올라가기 위해 설치된 엘리베이터이고 elevation은 위로 올라가는 승진이나 높이라는 뜻이 있어.

leve 앞에 re를 붙인 relieve는 무거운 것을 다시 올리는 것이 아니라 무거운 것을 다시 치워버리는 것을 뜻해. 그래서 무거운 짐이나 고통을 내려놓는 덜어주다, 줄이다로 쓰이고 reliever는 고통을 덜어주는 진통제나 완화장치를 말해. 명사로 사용되는 relief는 사람들의 마음의 짐을 덜어주는 안심이나 고통을 덜어주는 완화라는 뜻이 있고, 재난이나 재해 때문에 고통받는 사람들을 도와주는 구호품이라는 뜻도 있어. 그래서 기아 구호품을 famine relief라 하고 야구에서 위기에 놓여 있는 팀의 승리를 구하는 구원 투수를 relief pitcher라고 부르지.

172 believe 믿다

unbelief 불신
uhn-bi-**leef**

unbelievable 믿을 수 없는
uhn-bi-**lee**-vuh-buhl

lovely 사랑스러운
luhv-lee

belief 믿음, 신념
bih-**leef**

believable 믿을 수 있는
bi-**lee**-vuh-buhl

love 사랑; 사랑하다 ← **leve** → **believe** 믿다 → **believer** 신앙인, 신자
luhv   bih-**leev**   bih-**lee**-ver

beloved 가장 사랑하는 (사람)   **disbelieve** 불신하다
bih-**luhv**-id   dis-bi-**leev**

disbelief 불신
dis-bi-**leef**

이번에도 앞에서처럼 leve에서 파생된 단어를 살펴보려고 해. 그런데 이번에 나온 leve는 고대 영어에서 파생되어 나온 leve로 앞에서 배운 '올리다'라는 뜻의 leve와 철자만 같을 뿐 전혀 다른 단어로 '믿음'이나 '진실'이라는 뜻으로 쓰였어.

그래서 이 단어에서 파생된 believe의 형태가 relieve와 비슷한 거야. believe는 어떠한 사실이나 사람을 신뢰하는 믿다는 뜻이고 명사로 쓰이는 belief는 믿음이라는 뜻과 믿음을 통해서 마음이 확실해지는 신념을 뜻하는 단어야. 뒤에 able을 붙인 believable은 믿을 수 있는이고 believer는 종교적으로 믿음을 가진 신앙인이나 신자를 뜻해.

belief 앞에 un을 붙인 unbelief는 불신이나 불신앙을 뜻하는 단어이고, unbelievable은 정말 말도 안 되게 믿을 수 없는 일이 벌어졌을 때를 표현하는 믿기 어려운, 믿을 수 없는이라는 뜻이야. believe 앞에 dis를 붙인 disbelieve는 믿지 않는 것을 뜻하는 불신하다이고 disbelief는 unbelief와 같은 뜻인 불신으로 사용되는 단어야.

leve에서 변형된 단어가 서로의 믿음을 통해 이루어지는 사랑이라는 뜻을 지닌 love라는 단어야. love는 동사로도 쓰여서 사랑하다, 좋아하다는 뜻이 있고 형용사로 쓰이는 lovely는 사랑스러운, 아름다운이라는 뜻이지. 과거에는 love 앞에 be를 붙인 belove라는 단어가 존재했지만, 현재는 love와 같은 뜻을 지니고 있기 때문에 belove를 안 쓰는 대신에 형용사와 명사로 사용하는 beloved라는 단어가 생기게 되었어. 이 단어는 형용사로는 정말로 사랑하는 사람을 표현하는 가장 사랑하는이라는 뜻이고 명사로는 가장 사랑하는 사람을 뜻해.

연습하기

빈칸에 적절한 뜻과 철자를 넣으세요.

elevation ← **elevate** → **elevator**
　　　　　　　　　　↑
　　　　　　　　leve → **lever** → **leverage**
　　　　　　　　　　↓
relief ← **relieve** → **reliever**
　　↓　　↘ **relief pitcher**
famine relief

---

elevat□□□ 승진 ← □**lev**□□□ 승진시키다 → **elevat**□□ 엘리베이터
　　　　　　　　　　↑
　　　　　　　　leve → **leve**□ 지렛대 → **lever**□□□ 영향력
　　　　　　　　　　↓
relie□ 안심,완화,구호품 ← □□**lieve** 줄이다 → **relieve**□ 진통제, 완화장치
　　↓　　↘ **relief** □□□□□□□ 구원투수
□□□□□□ **relief** 기아 구호품

```
                           unbelief        unbelievable
                              ↑                ↑
         lovely             belief          believable
           ↑                  ↑            ↗
         love      ←  leve  →  believe  →  believer
           ↓                  ↓
        beloved            disbelieve
                              ↓
                           disbelief
```

```
                           □□belief 불신      □□believable 믿을 수 없는
                              ↑                     ↑
         love□□ 사랑스러운     belie□ 믿음, 신념    believ□□□□ 믿을 수 있는
           ↑                    ↑               ↗
        □□□□ 사랑; 사랑하다 ← leve → □□lieve 믿다 → believe□ 신앙인, 신자
           ↓                    ↓
        □□love□ 가장 사랑하는 (사람)  □□□believe 불신하다
                                 ↓
                              disbelie□ 불신
```

173 level 수평, 평지, 수준; 평평한, 동등한

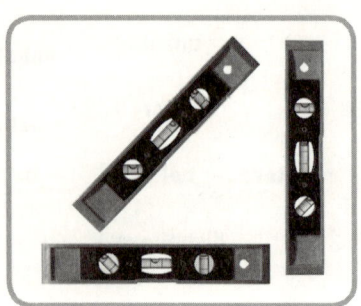

level 수평, 평지, 수준; 평평한, 동등한
lev-uhl

liberal 자유로운; 관대한 ← **liber** → **liberty** 자유
lib-er-uhl   lib-er-tee

deliberative 깊이 생각하는
dih-**lib**-er-uh-tiv

deliberate 신중한; 숙고하다
dih-**lib**-er-it

liberate 해방시키다
lib-uh-reyt

deliberation 신중함
dih-lib-uh-**rey**-shuhn

liberation 해방
lib-uh-**rey**-shuhn

고전 라틴어에서 나온 level은 어느 한 쪽이 치우치지 않는 '평평한 면'을 의미했어. 나중에는 수평, 평지를 뜻하게 되었고 사물에 대해 일정한 기준을 정한 수준이라는 뜻도 갖게 되었지. 학교나 학원 등에서 레벨이라는 말을 자주 사용하는데 어떤 교육을 받는 장소에서 그 안에 있는 모든 사람들이 같은 수준의 동등한 교육이나 학습을 받는 것을 의미해. 해당 레벨을 넘기면 다음 레벨로 넘어가게 되지. 그래서 level은 형용사로는 평평한이라는 뜻과 모두가 같은 동등한이라는 뜻이 있어.

level이 프랑스로 건너가면서 liber로 변형되었어. liber에서 나온 liberty는 어떠한 무게나 성향이 한쪽으로 치우치거나 쏠리는 것이 아니라 공평한 것을 의미해서 자유를 뜻하고, 뒤에 접미사 al을 붙인 liberal은 형용사로 자유주의의, 자유로운이라는 뜻과 자유로운 성격 때문에 남에게 너그러운 후한, 관대한을 뜻하게 되었어. 동사로 쓰이는 liberate는 갇혀 있는 사람들을 자유롭게 만드는 해방시키다, 자유롭게 만들다는 뜻이고 liberation은 해방이나 석방을 의미해.

liber에 '확실히'를 뜻하는 접두사 de와 접미사 ate를 붙인 deliberate는 어떤 것을 할 때 한쪽으로 치우치지 않고 조심히 하려는 것을 의미해서 형용사로는 행동이나 말을 조심해서 하는 신중한, 침착한을 뜻하고 동사로는 숙고하다를 뜻해. 명사 deliberation은 신중함이나 숙고를 뜻하고 형용사인 deliberative는 깊이 생각하는, 숙고하는이야.

174 scale 저울, 규모, 크기, 비늘

escalation 단계적 확대
es-kuh-**ley**-shuhn

skill 기술
skil

→ **skillful** 능숙한
skil-fuhl

↑ ↑ ↓

escalate 증가하다
es-kuh-leyt

← **scale** 저울
skeyl

skillfully 솜씨 있게
skil-fuh-lee

↓ ↓

escalator 에스컬레이터
es-kuh-ley-ter

shell 껍질
shel

→ **shellfish** 조개
shel-fish

↓ ↘

shield 방패
sheeld

eggshell 달걀껍데기
eg-shel

↓

shelter 피신처
shel-ter

지금은 무게를 달 수 있는 도구인 저울이 있어서 물건을 살 때 그 무게를 정확히 알 수 있지만, 과거에는 무게를 달 수 있는 도구가 없었기 때문에 어떠한 기준이 되는 그릇에 물을 받아서 다른 한쪽의 무게를 가늠했어. scale은 원래 물이 담겨 무게를 지니는 그릇이라는 뜻으로 사용되었고 무게를 재는 데 쓰이는 저울이라는 뜻과 무게를 담을 수 있는 규모나 크기라는 뜻을 갖게 되었어. scale은 물고기나 파충류가 가지고 있는 비늘이라는 뜻도 지니고 있는데 그릇은 물이 없으면 그냥 덮고 있는 하나의 껍질을 의미하기에 그러한 뜻이 나오게 된 거야.

'비늘'을 뜻하는 scale에서 나온 shell은 조개나 거북이 등에 있는 껍질과 총알에 붙어 있는 탄피를 의미해. 그래서 shellfish는 껍질을 지니고 있는 연체동물인 조개를 의미하고 eggshell은 달걀껍데기를 말해. shell에서 나온 shield는 적의 공격을 막는 방패를 뜻하고 shelter는 위험으로부터 몸을 피신할 수 있는 피신처를 뜻해.

'규모'나 '크기'를 뜻하는 scale에서 나온 skill은 남과 비교할 수 없는 거대하고 뛰어난 능력인 기량과 기술을 뜻해. 그래서 형용사 skillful은 남보다 뛰어나서 빠르게 일하고 익히는 능숙한, 숙련된이란 뜻이고 부사 skillfully는 솜씨 있게라는 뜻이야.

scale에 접두사 e와 접미사 ate를 붙인 escalate는 크기가 밖으로 점점 커져서 생긴 단계적으로 확대되다, 증가하다는 뜻이고 escalation은 물가나 임금 등이 조금씩 증가하는 단계적 확대를 뜻해. escalator는 조금씩 계단이 자동으로 위로 올라가는 에스컬레이터야.

연습하기
빈칸에 적절한 뜻과 철자를 넣으세요.

```
                    level
                     평지↓
liberal  ←  liber  →  liberty            deliberative
            ↓    ↘
         liberate    deliberate
            ↓           ↓
         liberation  deliberation
```

---

level 수평, 평지, 수준; 평평한, 동등한
평지↓

liber☐☐ 자유로운; 관대한 ← **liber** → **liber**☐☐ 자유   **deliberative** 깊이 생각 하는

☐☐**liber**☐☐☐ 신중한, 숙고하다

liber☐☐☐ 해방시키다

deliberat☐☐☐ 신중함

liberat☐☐☐ 해방

```
escalation        skill    →  skillful
    ↑               ↑            ↓
escalate  ←  scale           skillfully
    ↓               ↓
escalator         shell    →  shellfish
                    ↓     ↘
                  shield      eggshell
                    ↓
                  shelter
```

```
escalat☐☐☐ 단계적 확대    ☐☐☐☐☐ 기술  →  skill☐☐☐ 능숙한
       ↑                      ↑                    ↓
  escalate 증가하다  ←  ☐☐☐☐☐ 저울        skillful☐☐ 솜씨 있게
       ↓                      ↓
  escalat☐☐ 에스컬레이터   shell 껍질  →  shell☐☐☐☐ 조개
                              ↓     ↘
                          ☐☐ield 방패    ☐☐☐shell 달걀껍데기
                              ↓
                          ☐☐elter 피신처
```

175 food 먹이, 음식

fast food 즉석식
fast-food

instant food 간편식
in-stuhnt-food

junk food 정크 푸드
juhngk-food

seafood 해산물 요리
see-food

↑

fodder 사료 ← **food** 음식 → **feed** 먹이를 주다, 공급하다; 먹이
fod-er   food   feed

↓

foster 수양하다 → **fosterage** 양육, 수양
faw-ster   faw-ster-ij

↙ ↘

foster child 수양자(녀)   **foster parent** 양부(모)
faw-ster-chahyld   faw-ster-pair-uhnt

이번에는 사람이 먹는 음식을 의미하는 영단어 food에 대해 알아보자. food의 정확한 의미는 사람이나 동물이 먹는 영양분이 있는 먹이나 음식이야. 그래서 '바다'를 뜻하는 sea를 붙인 seafood는 바다에서 나는 동식물을 이용한 요리인 해산물요리를 의미하고, 앞에 fast를 붙인 fast food는 빠른 시간에 음식을 먹을 수 있는 즉석식을 뜻해. 패스트푸드와 비슷하게 쓰이는 instant food는 즉시에 먹을 수 있는 간편식을 의미하고 junk food는 칼로리는 높지만 영양가는 낮은 정크 푸드를 뜻해. 여기서 쓰인 junk는 오래되고 쓸모없는 쓰레기 같은 물건을 뜻하는 단어로 junk food는 그만큼 영양가 없는 음식을 의미하는 거야.

food에서 나온 feed는 사람이나 동물에게 음식을 제공하는 먹이를 주다라는 뜻과 연료를 넣는 공급하다라는 뜻이 있고, 명사로도 쓰여서 먹이를 의미해. 미국은 워낙 대지가 넓어서 큰 도시를 제외하고 주변 어디에서든지 동물을 흔히 볼 수 있기 때문에 동물에게 먹이를 함부로 주지 말라는 'DO NOT FEED'라는 경고문을 쉽게 접할 수 있어.

fodder도 food에서 나온 단어인데 사람이 먹는 음식이 아니라 가축에게 먹이는 음식인 사료를 뜻하지.

food에서 파생된 foster는 자신의 친 아이가 아닌 다른 사람의 아이를 먹이고 기르는 양육하다, 수양하다는 뜻이고 명사인 fosterage는 양육이나 수양을 의미하는 단어야. 그래서 수양자(녀)를 foster child라 부르고 양부(모)는 foster parent라고 해.

176 Christmas 성탄절

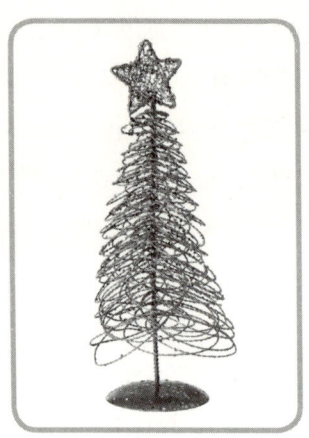

Christian 기독교 신자; 기독교의
kris-chuhn

christen 세례를 주다
kris-uhn

Christianity 기독교 ← **Christ** 그리스도 → **Christmas** 성탄절
kris-chee-**an**-i-tee   krahyst   **kris**-muhs

chrism 성유 → **cream** 크림 → **creamy** 크림 같은
kriz-uhm   kreem   **kree**-mee

creamer 커피 크림
kree-mer

christmas라는 영단어를 영어 발음을 상관하지 않고 철자대로 읽어보면 '크리스트마스'라는 소리가 나는데 왜 그런지 궁금한 적 있었지? 여기서는 이 단어가 왜 그렇게 생기게 되었는지 알아보자.

성경에 나오는 예수는 세상을 구원할 구세주라는 의미로 그리스도라고 불렸는데, 이 단어가 영단어 Christ야. 초대 그리스도교에서는 12월 25일을 예수의 생일로 정하고 축하 예배를 본다고 해서 뒤에 Mass를 붙이게 되면서 지금의 Christmas라는 모습이 되었어. 뒤에 붙인 Mass는 덩어리라는 뜻이 아니라 가톨릭에서의 '미사'를 의미해. 이런 과정을 통해 크리스마스는 Christmas라는 철자를 가지게 되었고 예수의 탄생을 축하하는 성탄절을 뜻하게 되었던 거야.

이번에는 Christ에서 파생되어 나온 다른 단어를 보자. Christian은 명사로는 예수를 믿고 따르는 사람을 의미하는 기독교 신자를 의미하고, 형용사로는 기독교의라는 의미로 쓰여. 기독교는 영어로 Christianity라 하고 동사로 쓰이는 christen은 세례를 주다라는 뜻이야.

christ에서 파생된 chrism은 기독교 의식에서 쓰이는 성유를 뜻하는 단어야. 성유는 올리브기름과 향유를 섞어서 만든 기름을 의미하고 이 단어를 통해서 파생된 cream이 우유에서 얻는 지방질인 크림이지. cream에서 파생된 creamy는 크림 같은이라는 뜻이고 creamer는 커피에 넣는 커피 크림을 의미하는 단어야. 한국에서는 커피에 넣는 크림을 프림이라고 하는데, cream에서 변형되어 쓰이고 있는 거야. 또한, 커피 크림의 상품명 중 하나인 프리마는 앞에서 소개한 creamer가 변형되어 쓰이는 거야.

연습하기

빈칸에 적절한 뜻과 철자를 넣으세요.

fast food　　**instant food**　　**junk food**

seafood
↑
fodder ← **food** → **feed**
↓
foster → **fosterage**
↙　　　↘
foster child　　**foster parents**

☐☐☐☐ **food** 즉석식　☐☐☐☐☐☐☐ **food** 간편식　☐☐☐☐ **food** 정크 푸드

☐☐☐**food** 해산물 요리
↑
fo☐☐☐☐ 사료 ← ☐☐☐☐ 음식 → **f**☐☐**d** 먹이를 주다, 공급하다; 먹이
↓
☐☐☐☐☐☐ 수양하다 → **foster**☐☐☐ 양육, 수양
↙　　　↘
foster ☐☐☐☐☐ 수양자(녀)　　**foster** ☐☐☐☐☐☐ 양부(모)

```
                    Christian
                  ↑        ↗ christen
Christianity ← Christ → Christmas
                  ↓
               chrism → cream → creamy
                           ↓
                       creamer
```

```
                    Christ☐☐☐ 기독교 신자; 기독교의
                  ↑        ↗ christ☐☐ 세례를 주다
Christianity 기독교 ← Christ 그리스도 → Christ☐☐☐ 성탄절
                  ↓
               chris☐ 성유 → ☐☐☐☐☐ 크림 → cream☐ 크림 같은
                           ↓
                       cream☐☐ 커피 크림
```

177 add 더하다, 첨가하다

edition 판 ← **edit** 편집하다 ← **dere** → **add** 더하다 → **addition** 덧셈, 추가
ih-**dish**-uhn　　　　**ed**-it　　　　　　　　　　　　ad　　　　　　　uh-**dish**-uhn
　　　　　　　　　↓　　　　　　　　　　　　　　↓　　　　　　　　↓
　　　　　　editor 편집장, 편집자　　　**additive** 첨가제　**additional** 추가의
　　　　　　ed-i-ter　　　　　　　　　　**ad**-i-tiv　　　　　uh-**dish**-uh-nl
　　　　　　　　　↓
　　　　　　editorial 편집의
　　　　　　ed-i-**tawr**-ee-uhl

영단어 add는 원래 '놓다'는 뜻을 지닌 프랑스어 dere에 접두사 ad가 붙어서 생겼어. 그래서 놓여 있는 방향에 추가로 놓는다고 해서 생긴 더하다, 첨가하다는 뜻이 되었고 과거분사로 쓰여서 변형된 addit에 ion을 붙인 addition은 명사로 쓰여서 덧셈이나 추가를 의미하지. 형용사로 쓰이는 additional은 더해진 것을 표현한 추가의이고 additive는 이미 만들어진 식품 등에 첨가해서 사용하는 첨가제를 뜻하는 단어야. 음식점에 가면 먹은 가격 이외의 세금을 부과하는 경우를 가끔 봤을 거야. 그럴 때 내는 세금을 추가로 붙었다는 데서 '부가세'라고 부르는데, 앞에 등장한 additional에 tax를 붙인 additional tax라고 말해.

원어 dere가 과거분사로 쓰이면서 dit이 되었고 앞에 '밖의'를 뜻하는 e를 붙인 edit라는 단어를 파생시켰어. 이 단어는 처음에는 작가가 쓴 책을 세상 밖에 놓는 '출판하다'는 뜻으로 사용했어. 그러나 나중에는 이렇게 책이나 영화를 만들기 위해 작업하는 편집하다는 뜻과 잘못된 부분을 바로 고치는 수정하다는 의미로도 쓰이게 되었어. edit에서 파생된 edition은 출판되어 나온 책의 판이나 시리즈로 나오는 호를 의미하고 부수를 제한하여 나오는 '한정판'을 limited edition이라고 해. edit 뒤에 or을 붙인 editor는 책이나 잡지 등을 편집하는 편집장이나 방송이나 영화에서 편집 작품 전체를 수정하는 편집자로 사용되고, 형용사로 쓰이는 editorial은 편집의라는 뜻이지.

178 cover 덮다, 가리다 ; 덮개

undercover 첩보활동의
uhn-der-**kuhv**-er

uncover 폭로하다
uhn-**kuhv**-er

bedcover 침대보
bed-**kuhv**-er

book cover 책 표지
book-**kuhv**-er

discover 발견하다
dih-**skuhv**-er

cover 덮다; 덮개
kuhv-er

coverage 보상범위, 보도
kuhv-er-ij

discovery 발견
dih-**skuhv**-uh-ree

recover 회복하다
ree-**kuhv**-er

recovery 회복
ree-**kuhv**-uh-ree

cover는 어떠한 사물을 가리거나 보호하기 위해 무언가를 위에 놓는 덮다, 가리다라는 동사의 뜻과 덮개라는 명사의 뜻이 있는 단어야. 그래서 책을 보호하기 위해 책의 맨 첫 장을 덮고 있는 책 표지를 book cover라 하고, 침대를 덮는 침대보를 bedcover라고 하지. cover에 접미사 age를 붙인 coverage는 무언가를 덮을 수 있는 범위를 의미하는 단어로, 사고가 났을 때 보험에서 적용되는 보상범위를 뜻하거나 라디오, TV가 범위 안에서 전파가 방송되는 보도라는 뜻으로 사용해.

cover에 접두사 dis를 붙인 discover는 덮인 것을 제거한다는 것을 의미하는 단어로 무언가 세상에 감춰져 있거나 숨겨져 있는 것을 찾아내는 발견하다, 찾다는 뜻이고 명사형인 discovery는 발견을 의미하는 단어야. 미국에서 방송하는 Discovery Channel은 자연에서 발생하는 신기하고 놀라운 것을 찾아 소개하고 보여주는 프로그램을 방송하는 채널이지.

'다시'를 뜻하는 re를 붙인 recover는 과거 상태로 다시 덮는 것을 의미해서, 원래 모습으로 다시 돌아오는 회복하다, 되찾다는 뜻이고 명사형인 recovery는 회복을 의미해.

'반대'를 뜻하는 un을 붙인 uncover는 덮여 있던 어떠한 것을 여는 것을 의미하는 단어야. 그래서 덮여있는 숨겨진 것을 세상에 풀어놓는 폭로하다는 뜻이 있고 덮인 덮개를 열어버리는 벗기다라는 뜻도 있어.

'아래'를 뜻하는 under를 붙인 undercover는 숨겨진 상태로 몰래 일하는 것을 표현하는 첩보활동의, 위장근무의라는 뜻으로 쓰이는 단어야. 그래서 '첩보요원'을 an undercover agent라고 부르게 된 거야.

연습하기
빈칸에 적절한 뜻과 철자를 넣으세요.

```
edition  ←  edit      ←  dere  →  add      →  addition
              ↓                       ↓              ↓
           editor                  additive     additional
              ↓
          editorial
```

---

edit☐☐☐ 판 ← edit 편집하다 ← dere → ☐☐☐ 더하다 → addition 덧셈, 추가
　　　　　　　↓　　　　　　　　　　　　↓　　　　　　　↓
　　　　edit☐☐ 편집장, 편집자　　　add☐☐☐☐☐ 첨가제　addition☐☐ 추가의
　　　　　　　↓
　　　　editor☐☐☐ 편집의

```
                    uncover        bedcover
undercover          ↑         ↗ book cover
                    ↖ ↑  ↗
discover  ←  cover  →  coverage
    ↓           ↓
discovery    recover
                ↓
             recovery
```

```
                          □□cover 폭로하다      □□□cover 침대보
□□□□□cover 첩보활동의    ↖ ↑  ↗             □□□□ cover 책 표지
□□□cover 발견하다  ←  cover 덮다; 덮개  →  cover□□□ 보상범위, 보도
        ↓                    ↓
   discover□ 발견        □□cover 회복하다
                              ↓
                        recover□ 회복
```

179 apt 적절한

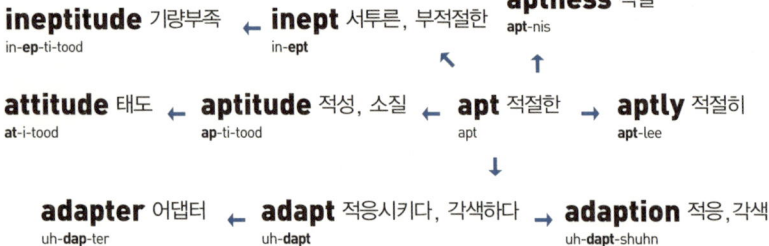

ineptitude 기량부족 ← **inept** 서투른, 부적절한
in-**ep**-ti-tood   in-**ept**

aptness 적절
apt-nis

attitude 태도 ← **aptitude** 적성, 소질 ← **apt** 적절한 → **aptly** 적절히
at-i-tood   **ap**-ti-tood   apt   **apt**-lee

adapter 어댑터 ← **adapt** 적응시키다, 각색하다 → **adaption** 적응, 각색
uh-**dap**-ter   uh-**dapt**   uh-**dapt**-shuhn

라틴어에서 파생되어 나온 apt는 어떠한 것을 할 때 알맞게 할 수 있는 것을 표현한 적절한이란 뜻을 지닌 단어야. 이 단어는 형용사이기에 뒤에 ly를 붙이면 적절히라는 뜻을 지닌 부사 aptly를 만들 수 있고, 추상명사로 만드는 ness를 붙이면 적절이라는 뜻의 명사 aptness를 만들 수 있어.

apt 뒤에 '성질'이나 '상태'를 뜻하는 tude를 붙이면 중간에 철자 i가 붙으면서 aptitude라는 단어가 만들어지는데, 자신이 어떤 것을 할 때 알맞은 성질이나 적응할 수 있는 능력을 의미하는 적성, 소질을 뜻하는 단어야. aptitude를 통해서 나온 단어가 attitude이고 상황에 맞게 적절하게 행동하는 태도라는 뜻이 있어.

apt에 '방향'을 나타내는 접두사 ad를 붙인 adapt는 사람이나 사물이 목적에 맞게 어떠한 것을 적합하게 하거나 만드는 적응시키다는 뜻과 소설을 영화나 연극 대본으로 적합하게 사용할 수 있게 만드는 각색하다는 뜻이 있어. 그래서 adaption은 적응, 각색이라는 뜻으로 쓰이고 adapt 뒤에 er을 붙인 adapter는 기계 등의 전원을 켤 수 있게 연결하는 장치인 어댑터를 말해. 앞에 '부정'을 나타내는 in을 붙인 inept는 어떤 것에 적합하게 하지 못하는 것을 표현한 서투른, 부적절한이고 명사로 쓰이는 ineptitude는 능력이 남보다 떨어지는 기량부족을 뜻하는 단어야.

180 manual 손의, 수동의; 설명서

mannerism 매너리즘
man-uh-riz-uhm
↑
manipulation 속임수　**manner** 방식, 예의
muh-nip-yuh-ley-shuhn　　man-er
　　　　　　　　　　　　　　　　manicure 매니큐어
↑　　　　　↑　↗　man-i-kyoor
manipulate 조정하다　←　**manus**　→　**manual** 손의; 설명서
muh-nip-yuh-leyt　　　　　　　　　　　　man-yoo-uhl
↓　　　　　　↓
manipulator 사기꾼　**manage** 다루다, 경영하다　→　**manager** 경영자
muh-nip-yuh-ley-ter　　man-ij　　　　　　　　　　　　　　man-i-jer
　　　　　　　　↓
　　　　management 경영, 관리
　　　　man-ij-muhnt

고전 라틴어 manus는 사람의 '손'을 의미했고, 여기에 접미사 al을 붙인 manual은 형용사로는 손으로 일하는 것을 표현한 손의와 손의 힘을 통해서 움직이는 수동의라는 뜻이 생겨났어. 그러다가 교회의 예식이나 예절을 사람의 손을 통해 정리한 조그만 책을 의미하게 되면서 설명서를 뜻하게 되었어.

manus에 접미사 age를 붙인 manage는 손으로 동물을 다뤄서 생긴 다루다는 뜻과 마치 동물을 다루는 것처럼 사람이나 회사를 직접 다룬다고 해서 생긴 경영하다는 뜻으로 쓰이는 단어야. manager는 사업체나 회사의 직원들을 다루는 경영자를 의미하고, management는 사업을 운영하고 관리하는 경영이나 관리를 뜻하지. 뒤에 er을 붙인 manner는 원래 사람의 손 안에 무언가가 잡혀 있는 것을 뜻했지만, 현재는 손이 아닌 어떠한 형식에 잡혀서 행하는 것인 방식이나 예의를 뜻하고 있어. mannerism은 같은 방식이나 틀에 잡혀 있어 고정된 태도를 보여 새로운 것을 추구하지 못하는 매너리즘을 의미해.

manipulate는 manus에 '가득한'이란 뜻의 ful이 변형된 pul이 합쳐진 후 동사를 만드는 접미사 ate를 붙여서 생겨난 단어야. 원래는 손을 이용해 다루는 것을 의미했지만, 현재는 안 좋은 쪽으로 부정직하게 사람을 다루는 조정하다, 다루다를 뜻하고 있어. manipulation은 어떠한 일을 잘못된 방식으로 처리하는 교묘한 처리나 속임수를 뜻하고 manipulator는 부정직하게 사람을 다루는 조정자나 사기꾼을 뜻해. '치료'를 뜻하는 cure를 붙인 manicure는 원래 손을 보호하는 것이었지만, 현재는 손을 아름답게 보이기 위해 손톱에 색깔을 칠하는 매니큐어로 사용되고 있어.

adapt와 모습이 유사한 adopt는 '택하다, 고르다'를 뜻하는 opt에 '방향'을 나타내는 접두사 ad를 붙인 단어로 아이를 직접 택한다고 하여 '입양하다'는 뜻과 '채택하다' 뜻으로 쓰이게 된 단어야. opt는 '택하다'라는 뜻을 가지고 있어서 접미사 ion을 붙인 option은 여러 가지 중에 자신이 원하는 것을 고르는 '선택'을 의미해.

현대의 과학기술은 하루가 다르게 발전하고 첨단 과학을 이용한 여러 제품이 빠른 속도로 실용화되면서 출시되고 있어. 이러한 추세에 영향을 받아서 어떤 사람들은 다른 사람보다 새롭게 출시되는 제품을 미리 사서 사용해보고 스스로 평가해서 다른 사람들에게 정보를 제공하고 있어. 이런 사람을 early adopter라고 해. '이른, 빠른'을 뜻하는 early와 adopt에서 파생된 adopter가 합쳐져서 생긴 단어로 남들보다 빠르게 무언가를 사서 사용하는 사람을 뜻하는 말이야.

연습하기
빈칸에 적절한 뜻과 철자를 넣으세요.

```
ineptitude [    ]  ←  inept [        ]        aptness [    ]
                            ↖      ↑
 attitude [    ]  ←  aptitude [    ]  ←  apt [    ]  →  aptly [    ]
                                           ↓
              adapter [    ]  ←  adapt [        ]  →  adaption [    ]
```

---

inept☐☐☐☐☐ 기량부족 ← ☐☐ept 서투른, 부적절한   apt☐☐☐☐ 적절

a☐☐itude 태도 ← apt☐tude 적성, 소질 ← apt 적절한 → apt☐☐ 적절히

adapt☐☐ 어댑터 ← ☐☐apt 적응시키다, 각색하다 → adap☐☐☐☐ 적응

```
                        mannerism
                            ↑
manipulation            manner
     ↑                    ↑  ↗ manicure
manipulate  ← manus → manual
     ↓                    ↓
manipulator   manage → manager
                  ↓
              management
```

```
                        manner□□□ 매너리즘
                            ↑
manipulat□□□ 속임수      mann□□ 방식, 예의
     ↑                    ↑  ↗ mani□□□□ 매니큐어
mani□□□□□□ 조정하다  ← manus → manu□□ 손의; 설명서
     ↓                    ↓
manipulat□□ 사기꾼   manage 다루다, 경영하다 → manage□ 경영자
                          ↓
                      manage□□□□ 경영, 관리
```

181 pedal 페달

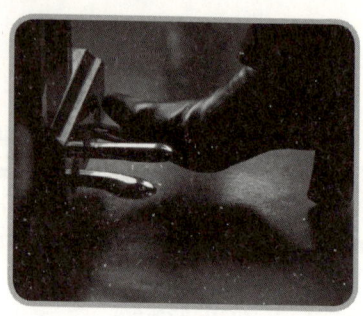

pedestrian 보행자
puh-**des**-tree-uhn

quadruped 네발짐승
kwod-roo-ped

pedestal 받침대 ← **ped** → **pedal** 페달
ped-uh-stl   **ped**-l

expedition 탐험   **peddle** 행상하다 → **peddler** 마약 밀매상
ek-spi-**dish**-uhn   **ped**-l   **ped**-ler

pedicure 발 관리
ped-i-kyoor

expeditionary 탐험의   **peddlery** 행상
ek-spi-**dish**-uh-ner-ee   **ped**-luh-ree

앞에서는 고전 라틴어로 '손'이라는 뜻의 manus를 통해 나온 단어를 배웠는데 이번에는 '발'이라는 뜻의 ped를 통해 어떠한 영단어가 나오게 되었는지 살펴보자.

ped에 접미사 al을 붙인 pedal은 자전거나 피아노에 발을 밟는 페달을 의미하는 단어이고 peddle은 발을 통해 여러 곳을 다니며 물건을 파는 행상하다는 뜻과 마약을 파는 밀매하다는 뜻이 있는 단어야. 그래서 peddler는 마약을 파는 마약 밀매상이고 peddlery는 돌아다니며 물건을 파는 일인 행상을 의미하지. 조금 어렵지만 라틴어로 4를 의미하는 quadru를 붙인 quadruped는 발이 네 개인 네발짐승을 의미하는 단어야. 참고로 우리가 잘 아는 quarter도 quadru에서 파생되었어. quarter는 4를 의미하는 단어에서 파생되었기에 어떠한 것의 1/4로 쓰이는 단어야. 그래서 1달러의 1/4인 25cents를 의미하기도 하고 1시간의 1/4인 15분을 뜻하기도 하지.

다시 ped로 가서, '장소'를 뜻하는 stall을 뒤에 붙인 pedestal은 마치 사람의 몸을 받쳐주는 다리처럼 기둥이나 동상을 떠받치는 받침대를 의미하고 pedestrian은 걸어서 거리를 보행하는 보행자를 뜻하는 단어야. ped와 cure가 합쳐진 pedicure는 손을 아름답게 꾸미는 매니큐어처럼 발을 치료하거나 깨끗하게 정리하는 발 관리를 의미하지. 앞에 ex를 붙인 expedition은 밖으로 향해 걸어 나아간다고 해서 생긴 탐험이나 원정을 의미하고 형용사로 쓰이는 expeditionary는 탐험의, 원정이라는 뜻이야.

182 picture 그림, 사진

paint 물감; ~을 그리다 → **painter** 화가
peynt　　　　　　　　　　　peyn-ter

경음화 ↓

pict → **picture** 그림, 사진 → **picture window** 전망창
　　　　pik-cher　　　　　　　pik-cher-win-doh

↓

depict 묘사하다 → **depiction** 묘사
dih-**pikt**　　　　　　dih-**pik**-shuhn

↓　　　　↘ **depicture** 상상하다
　　　　　　　　dih-**pik**-cher

depictive 묘사하는
dih-**pik**-tiv

캔버스에 그림을 그리는 데 필요한 것을 생각해보면, 우선 붓과 물감이 필요하고 물감을 골고루 섞어 쓸 수 있는 팔레트와 물이 필요하겠지. 이 중에서 가장 중요한 것은 그림에 색깔을 넣어 그림을 사실과 같이 표현하는 물감일 거야.

이렇게 사용되는 물감이나 건물 벽에 칠하는 페인트를 영어로는 paint라고 해. paint는 동사로도 쓰여 페인트를 칠하다, ~을 그리다는 뜻이 있고 이 단어를 통해 나온 painter는 페인트를 칠하는 페인트공이나 그림을 그리는 화가를 의미해. paint가 과거분사로 사용된 단어가 pict인데 더는 사용하지 않는 단어이지만 pict에 접두사나 접미사를 붙여 생겨난 단어들은 지금까지도 사용하고 있어.

pict에서 파생된 단어가 페인트로 그려진 그림을 뜻하는 picture이고 눈에 보이는 사물이나 사람을 카메라를 이용해 실제처럼 찍은 사진이라는 뜻도 있지. picture window는 건물에 있는 전망이 하나의 유리로 덮여 있는 전망창을 의미하는 단어야.

참고로 '창문'을 뜻하는 window는 wind(바람)와 door(문)라는 단어가 합쳐져서 생겨난 단어야. 서양에서 window는 바람이 들어오는 벽에 달린 문을 의미하는 단어이고 한자로 창문(窓門)은 햇빛이 들어오는 벽에 달린 문을 의미하지만, 둘 다 벽에 달린 문이기에 window를 窓門이라고 하는 거야.

pict 앞에 de를 붙인 depict는 사람들에게 선보일 작품을 그리는 그리다, 묘사하다는 뜻이고 depiction은 묘사나 서술을 의미해. 또 형용사로 쓰이는 depictive는 묘사하는이라는 뜻이고 depicture는 상상하다는 뜻으로 쓰이는 단어이지.

연습하기

빈칸에 적절한 뜻과 철자를 넣으세요.

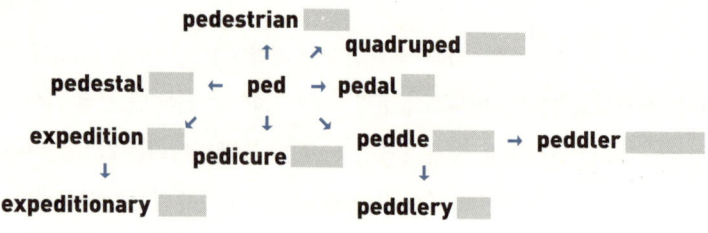

```
                    pede□□□□□□ 보행자
                         ↑      ↗ quadruped 네발짐승
 pede□□□□ 받침대  ←  ped  →  ped□□ 페달
  □□pedition 탐험 ↙    ↓      ↘ ped□□□ 행상하다  →  peddl□□ 마약 밀매상
         ↓          pedi□□□□ 발 관리        ↓
 expedition□□□ 탐험의              peddler□ 행상
```

paint　　　　→ painter
변화↓
pict → picture　　　→ picture window
↓
depict　　→ depiction
↓　　　↘ depicture
depictive

□□□□□ 물감; ~을 그리다 → paint□□ 화가
변화↓
pict → pict□□□ 그림, 사진 → picture □□□□□□ 전망창
↓
□□pict 묘사하다 → depict□□□ 묘사
↓　　　↘ depict□□□ 상상하다
depict□□□ 묘사하는

183 **vow** 맹세

disavow 부인하다 → **disavowal** 부인
dis-uh-**voh**　　　　　　　　dis-uh-**voh**-uhl
↑
vow 맹세 → **avow** 맹세하다 → **avowal** 공언, 고백
vou　　　　　uh-**vou**　　　　　uh-**vou**-uhl
↓
voter 투표자 ← **vote** 투표, 투표하다 → **outvote** 투표에서 이기다
voh-ter　　　　voht　　　　　　　out-**voht**
↓
devotee 애호가 ← **devote** 헌신하다, 바치다 → **devotion** 헌신
dev-uh-**tee**　　　dih-**voht**　　　　　　dih-**voh**-shuhn

로마시대나 중세시대를 배경으로 하는 영화를 보면 뛰어난 기사들이 전투에 나가기 전에 왕을 찾아가 무릎을 꿇고 전투에 반드시 승리하여 상대편 적장의 목을 베어서 바치겠다고 다짐하는 장면이 등장하지. 이렇게 왕에게 어떠한 약속이나 목표를 실천하겠다고 말로서 바치는 맹세를 영어로 vow라고 해.

vow 앞에 a를 붙인 avow는 동사로 쓰이는 단어로 누군가에게 다짐하는 맹세하다, 공언하다는 뜻이고, 접미사 al을 붙인 avowal은 여러 사람 앞에서 당당히 말을 하는 공언이나 고백을 의미해. 앞에 '부정'을 나타내는 dis를 붙인 disavow는 사람들 앞에서 공개적으로 진실이나 맹세를 부정하는 부인하다는 뜻이고 disavowal은 부인이나 부정을 의미하는 단어야.

vow에서 파생되어 생긴 vote는 처음에는 말로 맹세를 바치는 '언약'이라는 뜻으로 쓰였어. 그러나 지금은 자신의 의견과 표현을 나라를 위해 일할 사람에게 바치는 투표, 투표하다는 뜻으로 쓰이고 있지. 뒤에 er을 붙인 voter는 투표자를 뜻하고 앞에 out을 붙인 outvote는 상대편보다 많은 표를 얻어서 투표에서 이기다는 뜻이야.

vote 앞에 '아래'를 뜻하는 de를 붙인 devote는 자신을 낮추고 남을 위해 자신의 것을 바치는 헌신하다라는 뜻과 물질적으로 재산을 신이나 높은 사람에게 봉납하는 바치다라는 뜻이야. devote 뒤에 ion을 붙여 명사로 만든 devotion은 헌신이고 devotee는 무언가에 대해 헌신적으로 바치는 애호가나 광적으로 종교를 헌신하는 광신자를 의미하지.

184 commando 특공대

mandatory 강제적인
man-duh-tawr-ee

↑

mandate 권한   **commander** 지휘관
man-deyt   kuh-**man**-der

↑   ↑

mand 명령 → **command** 명령하다 → **commando** 특공대
mand   kuh-**mand**   kuh-**man**-doh

↙   ↙   ↙

demand 요구   **commandment** 명령   **commend** 추천하다
dih-**mand**   kuh-**mand**-muhnt   kuh-**mend**

↓

recommend 추천하다
rek-uh-**mend**

↓

recommendation 추천
rek-uh-men-**dey**-shuhn

명령하다, 지시하다를 뜻하는 command는 '명령'을 뜻하는 mand에 '강조'를 나타내는 com을 붙여서 생겨난 단어야. 여기서 나온 commando는 실제로 존재했던 제2차 세계대전의 영국의 특공대를 뜻하는 단어로 영화 제목으로 사용되기도 했어.

command에 er을 붙인 commander는 군인들에게 명령하거나 지휘하는 지휘관이나 사령관을 의미하고, commandment는 반드시 지켜야 할 명령이나 지령을 뜻하는 단어야. command에서 변형되어 생긴 commend는 명령을 통해 다른 사람에게 책임을 맡기는 추천하다는 뜻과 공개적으로 명령하듯이 많은 사람들 앞에서 높이 평가를 하는 칭찬하다는 뜻이야. 앞에 re를 붙인 recommend도 commend와 같은 뜻인 추천하다와 권하다라는 뜻으로 쓰이는 단어이고 recommendation은 추천이나 권고를 의미하는 단어이지.

'명령'을 뜻하는 mand에서 파생된 다른 단어를 보자. mand 뒤에 ate를 붙인 mandate는 명령할 수 있는 권리를 주는 권한, 권한을 주다는 뜻으로 쓰이는 단어이고 형용사인 mandatory는 이러한 권한을 통해 억지로 시키는 것을 표현한 강제적인, 명령의라는 뜻이야. mand 앞에 '강조'를 나타내는 de를 붙인 demand도 명사와 동사로 쓰이는데, 명사로는 어떠한 목적에 대해 강력히 말하는 요구와 필요한 물건을 일정한 가격을 주고 강력히 구입을 원하는 수요이고 동사로는 요구하다, 필요로 하다로 쓰여. 참고로 '수요와 공급을 통해 가격이 정해지고 결정되는 것'을 뜻하는 demand and supply라는 경제용어가 있다는 것도 알아두면 좋을 거야.

연습하기
빈칸에 적절한 뜻과 철자를 넣으세요.

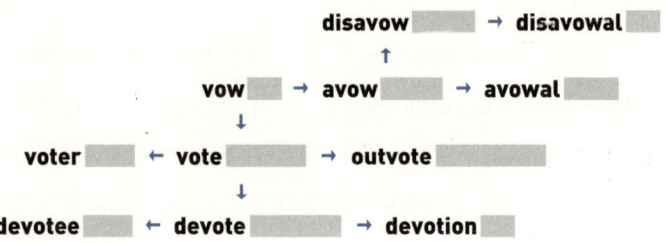

```
                                    disavow [   ] → disavowal [   ]
                                         ↑
                     vow [   ] → avow [   ] → avowal [   ]
                          ↓
         voter [   ] ← vote [   ] → outvote [   ]
                          ↓
         devotee [   ] ← devote [   ] → devotion [   ]
```

```
                              □□□avow 부인하다 → disavow□□ 부인
                                         ↑
              □□□ 맹세 → □vow 맹세하다 → avow□□ 공언, 고백
                          ↓
      vote□ 투표자 ← □□□□ 투표, 투표하다 → □□□vote 투표에서 이기다
                          ↓
      devote□ 애호가 ← □□vote 헌신하다, 바치다 → devot□□□ 헌신
```

```
mandatory  ← mandate    commander
    ↑              ↑
demand  ←  mand  →  command  →  commando
              ↙        ↘
        commandment    commend
                          ↓
                      recommend
                          ↓
                    recommendation
```

```
mandatory 강제적인  ←  mand☐☐☐ 권한      command☐☐ 지휘관
              ↑                      ↑
☐☐mand 요구  ←  mand 명령  →  ☐☐mmand 명령하다  →  command☐ 특공대
                    ↙              ↘
            command☐☐☐☐ 명령    comm☐nd 추천하다
                                      ↓
                                ☐☐commend 추천하다
                                      ↓
                            recommend☐☐☐☐☐ 추천
```

269

185 punish 처벌하다, 벌주다

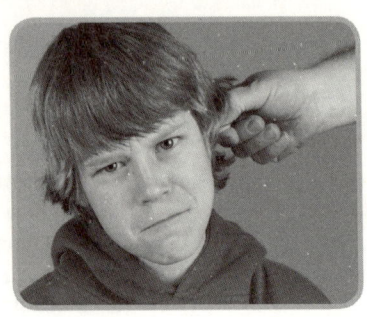

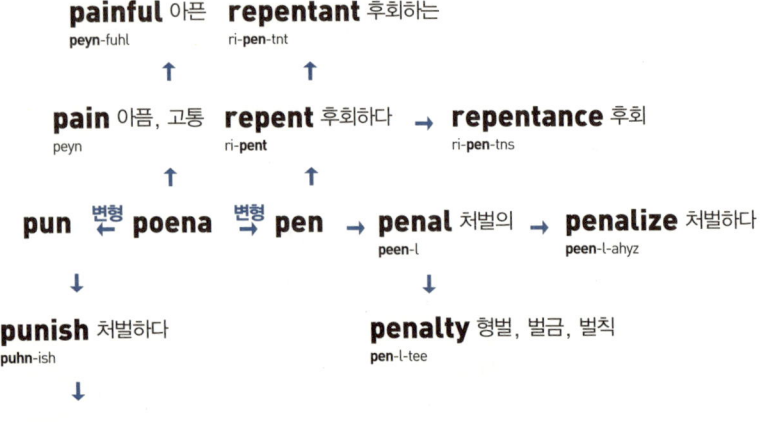

painful 아픈
peyn-fuhl

repentant 후회하는
ri-**pen**-tnt

↑ ↑

pain 아픔, 고통
peyn

repent 후회하다 → **repentance** 후회
ri-**pent** ri-**pen**-tns

↑ ↑

pun ⇄변형 **poena** →변형 **pen** → **penal** 처벌의 → **penalize** 처벌하다
peen-l peen-l-ahyz

↓ ↓

punish 처벌하다
puhn-ish

penalty 형벌, 벌금, 벌칙
pen-l-tee

↓

punishment 처벌
puhn-ish-muhnt

법적으로 죄를 진 사람에게 제재를 가하는 '형벌'을 의미했던 고전 라틴어 poena는 여러 나라로 퍼져 나가면서 pen, pun 등의 다양한 형태로 변화되었어.

poena가 pen으로 변화하면서 생겨난 파생어부터 보자. penal은 어떠한 잘못된 행위 때문에 형벌이 처하는 것을 표현한 처벌의, 형벌의이고 동사로 쓰이는 penalize는 처벌하다, 벌칙을 과하다라는 뜻이지. 명사로 쓰이는 penalty는 다양한 뜻을 지니고 있는데, 죄를 범하여 받는 형벌과 법을 위반했을 때 벌로 내는 돈인 벌금 그리고 스포츠나 게임에서 반칙해서 받는 벌칙까지 뜻해. 그래서 축구경기 중에 페널티 라인 안에서 반칙하면 주어지는 벌칙인 '페널티 킥'을 penalty kick이라고 말하는 거야.

 repent는 조금 복잡한 절차를 걸쳐 생겨난 단어야. 먼저 pen에 접미사 ent를 붙인 penant가 생겨났어. 지금은 쓰이지 않는 말인데, 여기에 접두사 re를 붙여서 repenant라는 단어로 사용하다가 결국 이 단어를 repent라고 철자를 줄여서 사용하게 된 거야. repent는 과거에 형벌에 처하게 한 잘못된 행위를 반성하는 후회하다, 뉘우치다이고 명사로 쓰이는 repentance는 후회나 회개를 뜻하는 단어야. 형용사로 쓰이는 repentant는 후회하는, 뉘우치는이라는 의미이지.

poena가 pun으로 변화하면서 동사로 만드는 접미사 ish를 붙인 punish는 잘못된 행위에 벌을 가하는 처벌하다, 벌주다는 뜻이고 명사인 punishment는 형벌이 내려진 처벌을 의미해.

원어인 poena로 돌아가서, 여기서 파생된 pain은 형벌에 처해져 당하게 되는 육체적으로 괴로운 아픔이나 고통을 의미하고 형용사로 쓰이는 painful은 아픈이나 고통스러운이란 뜻이야.

186 patient 인내심 있는; 환자

passionate 열정적인
pash-uh-nit

↑

passion 고난, 열정
pash-uhn

↓

compassion 연민, 동정심
kuhm-**pash**-uhn

↓

compassionate 동정하는
kuhm-**pash**-uh-nit

passive 수동적인
pas-iv

↑

← **paci** 변형→ **pati**

patience 인내
pey-shuhns

↑

patient 인내심 있는; 환자
pey-shuhnt

↓

patiently 인내심 있게
pey-shuhnt-lee

중기 프랑스어 paci는 사람이 느끼는 '고통'이나 '아픔'을 의미하던 단어로 처음 쓰였고 나중에는 그 고통을 이겨내는 '견디다'는 의미로 사용되었어. 이 단어가 변형되어 pati가 되었고 뒤에 ent를 붙인 patient가 나오게 되었지. patient는 형용사로는 아픔이나 고통을 견디어 내는 인내심 있는이란 뜻과 명사로는 지속적으로 치료를 받으며 고통을 견디야 하는 환자를 뜻해. 뒤에 ly를 붙인 부사 patiently는 인내심 있게를 뜻하고, 명사인 patience는 어떠한 상처나 아픔을 충분히 견디어 내는 인내를 뜻하는 단어야.

원어인 paci에서 나온 passion은 원래 성서에서 예수가 로마병사들에게 채찍질 당하기도 하고 결국엔 죽음으로 이른 고난을 의미했어. 그래서 영화 제목인 The Passion Of The Christ는 예수의 고난을 의미하는 거야. 그 후 passion은 자신이 갈망하는 목적을 위해 자신이 당하는 어려움을 견뎌서 이겨내는 열정을 뜻하게 되었고, 형용사로 쓰이는 passionate는 열정적인이라는 뜻으로 쓰이게 되었지.

passion 앞에 com을 붙인 compassion은 다른 사람이 당한 고난을 함께 나누는 연민이나 동정심을 뜻하고 형용사로 쓰이는 compassionate는 동정하는이라는 뜻이야.

passive는 가만히 있는 상태에서 무언가에게 당하거나 영향을 받는 수동적인이라는 뜻이야. 그래서 영문법에서 '수동태'를 passive voice라고 말하고, 반대로 자신이 움직여 행동하는 '능동태'를 active voice라고 해.

연습하기
빈칸에 적절한 뜻과 철자를 넣으세요.

```
                painful        repentant
                  ↑                ↑
                 pain           repent    →  repentance
                  ↑                ↑
          변형            변형
    pun  ←  poena  →  pen  →  penal  →  penalize
     ↓                          ↓
  punish                     penalty
     ↓
 punishment
```

```
                pain□□□ 아픈       repent□□□ 후회하는
                   ↑                    ↑
              □□□□ 아픔, 고통    □□pent 후회하다  →  repent□□□□ 후회
                   ↑                    ↑
          변형            변형
    pun  ←  poena  →  pen  →  pen□□ 처벌의  →  penal□□□ 처벌하다
     ↓                              ↓
  pun□□□ 처벌하다              penal□□ 형벌, 벌금, 벌칙
     ↓
 punish□□□□ 처벌
```

passionate　　passive　　　　　patience
　↑　　　　↑　　　　　　　↑
passion ← paci →(변형) pati → patient
　↓　　　　　　　　　　　　↓
compassion　　　　　　　patiently
　↓
compassionate

---

passion□□□ 열정적인 **passi**□□ 수동적인   **pati**□□□□ 인내
　↑　　　　　　　↑　　　　　　　　　　↑
□□□□□□□ 고난, 열정 ← **paci** →(변형) **pati** → **pati**□□□ 인내심 있는; 환자
　↓　　　　　　　　　　　　　　　　　↓
□□**passion** 연민, 동정심　　　　　　　**patient**□□ 인내심 있게
　↓
compassion□□□ 동정하는

187 other 다른

otherness 다름
uhth-er-nis

alternate 교체하다 ← **alter** 바꾸다 ← **other** 다른 → **another** 다른
awl-ter-neyt　　　　　　awl-ter　　　　　　uhth-er　　　　　　uh-nuhth-er

alternative 대안　　**alteration** 개조　　**otherwise** 그렇지 않으면
awl-**tur**-nuh-tiv　　awl-tuh-**rey**-shuhn　　uhth-er-wahyz

other는 두 가지 이상의 상황에 놓였을 때 첫 번째가 아닌 다음 것을 선택하는 다른이라는 뜻으로 사용되는 영단어야. 과거에는 명사로도 자주 쓰여서 앞에 관사 an을 붙였는데 현대영어로 오면서 an과 other가 결합하여 another라는 단어가 생기게 되었어. 그래서 another도 other와 똑같이 첫 번째가 아닌 다음 것을 뜻해서 또나 더라는 의미가 있고 다른이라는 뜻도 있어. other 뒤에 접미사 ness를 붙인 추상명사 otherness는 다름을 뜻하고 명사로 '방법'을 뜻하는 wise와 합쳐진 부사 otherwise는 다른 방법으로, 그렇지 않으면이란 의미로 쓰이는 단어야.

other의 영향을 받아서 생긴 alter는 처음 만든 물건을 다시 다르게 만드는 것을 의미해서 바꾸다, 고치다는 뜻이고 명사로 쓰이는 alteration은 사물의 형태를 바꾸어 버리는 개조나 성질이나 모양이 바뀌는 변화를 의미하지. alternate는 동사와 형용사로 쓰이는 단어로 첫 번째 현상이 지난 후 다음 현상이 계속 번갈아서 반복되는 번갈아 일어나다, 교체하다이고 형용사로는 번갈아 나오는이란 뜻이야. alternate에서 파생된 alternative도 명사와 형용사로 쓰이는 단어인데 명사는 두 가지 경우 중 하나를 결정할 수 있는 대안이나 대체를 뜻하고 형용사는 대체할 수 있는이라는 뜻으로 쓰여. 그래서 기존에 존재하는 에너지를 대신하는 '대체 에너지'를 alternative energy라고 하고 '대체연료'는 alternative fuel이라고 하는 거지.

188 faith 믿음, 신앙

confederal 다국간의 → **confederation** 동맹, 연합
kuhn-**fed**-er-uhl   kuhn-fed-uh-**rey**-shuhn

↑

confidence 신뢰, 자신감   **federal** 연방의 → **federation** 연방국가
kon-fi-duhns   **fed**-er-uhl   fed-uh-**rey**-shuhn

↑   ↑

confide 털어놓다 ← **fide** ←변형 **feid** → **faith** 믿음
kuhn-**fahyd**   feyth

↓   ↓

confident 확신하는, 자신만만한   **faithful** 충실한
kon-fi-duhnt   **feyth**-fuhl

↓   ↓

confidential 비밀의, 신임하는   **faithfully** 충실히
kon-fi-**den**-shuhl   **feyth**-fuh-lee

고대 프랑스어였던 feid는 어떠한 사실이나 사람을 신뢰하는 '믿다'를 뜻했고, 접미사나 접두사가 붙게 되면서 모습이 다양하게 변화됐어.

fied에 명사로 만드는 접미사 th가 붙으면서 feith가 나왔지만, 나중에 현대영어로 넘어와서 faith로 변화됐어. faith는 믿음과 종교적으로 신을 믿고 받드는 신앙이라는 뜻이 있어. 형용사인 faithful은 믿음 안에서 충성스럽고 정직한 것을 표현한 충실한이고 부사인 faithfully는 충실히를 의미하지.

어원인 feid 뒤에 접미사 al이 붙으면서 나온 federal은 혼자서 믿고 신뢰하는 것이 아니라 여럿이 함께 언약을 통해 믿어서 하나의 형태를 구성하는 연방의라는 뜻이고 federation은 연방국가나 연합을 의미해. 참고로 FBI는 Federal Bureau of Investigation의 약자로 미국 내 발생하는 간첩활동에 대한 수사나 연방법 위반행위에 대한 수사를 하는 '연방 수사국'을 의미하지. 앞에 con을 붙인 confederal은 여러 국가를 의미하는 다국간의라는 뜻이고 confederation은 federation과 비슷한 뜻을 지닌 동맹이나 연합을 의미하는 단어야.

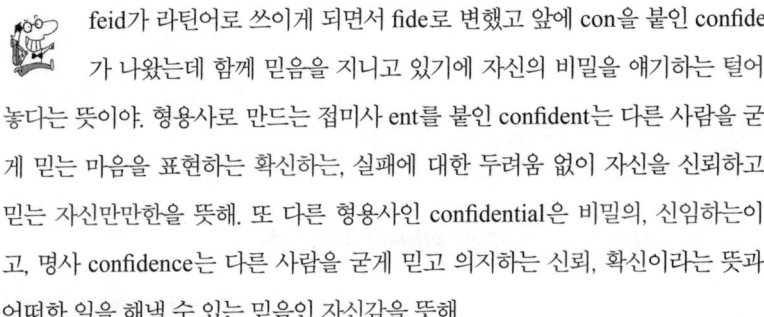 feid가 라틴어로 쓰이게 되면서 fide로 변했고 앞에 con을 붙인 confide가 나왔는데 함께 믿음을 지니고 있기에 자신의 비밀을 얘기하는 털어놓다는 뜻이야. 형용사로 만드는 접미사 ent를 붙인 confident는 다른 사람을 굳게 믿는 마음을 표현하는 확신하는, 실패에 대한 두려움 없이 자신을 신뢰하고 믿는 자신만만한을 뜻해. 또 다른 형용사인 confidential은 비밀의, 신임하는이고, 명사 confidence는 다른 사람을 굳게 믿고 의지하는 신뢰, 확신이라는 뜻과 어떠한 일을 해낼 수 있는 믿음인 자신감을 뜻해.

연습하기
빈칸에 적절한 뜻과 철자를 넣으세요.

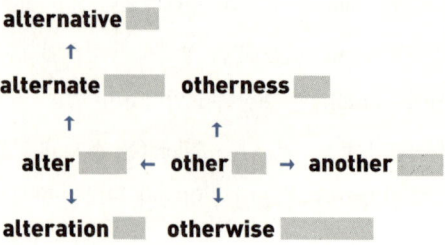

```
        alternat□□□ 대안
              ↑
   alter□□□□ 교체하다   other□□□□ 다름
        ↑                    ↑
   □□□□□ 바꾸다 ← □□□□□ 다른 → □□other 다른
        ↓                    ↓
alte□□□□□□ 개조   other□□□□ 그렇지 않으면
```

```
                          confederal      → confederation
                              ↑
confidence            federal      → federation
    ↑                     ↑
 confide    ←   fide  ←(변형) feid  →  faith
    ↓                                   ↓
 confident                           faithful
    ↓                                   ↓
 confidential                        faithfully
```

```
                              ☐☐☐federal 다국간의  →  confeder☐☐☐☐☐ 동맹, 연합
                                      ↑
confide☐☐☐ 신뢰, 자신감        federal 연방의  →  federa☐☐☐☐ 연방국가
    ↑                                 ↑
☐☐fide 털어놓다  ←  fide  ←(변형) feid  →  ☐☐☐☐☐ 믿음
    ↓                                         ↓
confide☐☐ 확신하는, 자신만만한             faith☐☐☐ 충실한
    ↓                                         ↓
confident☐☐☐ 비밀의, 신임하는              faith☐☐☐☐☐ 충실히
```

189 crack 금; 금이 가다

crush 찌그러뜨리다 ← **crash** 사고, 굉음; 박살나다 → **smash** 박살 내다
kruhsh   krash   smash

↑

craze 금; 미치게 하다 ← **crack** 금 → **cracker** 파괴자, 크래커
kreyz   krak   kra-ker

↓   ↓

crazy 미친   **crackle** 금이 가다 → **crackling** 구워진 돼지 껍질
krey-zee   krak-uhl   krak-ling

영단어 crack은 어떠한 사물이 부서질 때 생긴 금, 금이 가다를 뜻하는 단어야. 원래는 나무나 돌 등이 오래되거나 어떠한 마찰에 의해 부서질 때 나는 날카로운 소리를 의미했어. 그러다가 소리 나게 하는 부서진 현상을 의미하는 뜻으로 쓰이게 된 거지. 여기에서 파생된 단어들은 무언가 부서지는 소리를 의미하는 단어도 있고 부서진 사물을 뜻할 때도 있어.

crack에서 파생된 cracker는 컴퓨터에 침입하여 허용되지 않은 통신 시스템을 파괴하는 해커와 같은 뜻으로 쓰이는 파괴자가 있고 입안에서 잘 부서지는 과자 종류인 크래커로도 쓰여. 동사로 쓰이는 crackle은 땅이나 벽 등에 금이 생기는 금이 가다는 뜻이고 crackling은 돼지를 구웠을 때 마치 금이 생긴 것으로 보이는 구워진 돼지 껍질을 말해.

crack에서 파생된 crash도 명사와 동사로 쓰이는데 명사로는 비행기나 자동차의 접촉을 통해 나타나는 사고와 이러한 사고가 발생했을 때 들리는 소리인 굉음이 있고 동사로는 어떠한 물건이 완전히 부서질 때 쓰이는 박살나다는 뜻과 사고가 났을 때 생기는 충돌하다는 뜻이 있어.

crash에서 파생된 crush는 힘을 통해 무언가를 강하게 눌러 버리는 찌그러뜨리다는 뜻이고 smash는 무언가를 부수는 박살 내다, 힘껏 치다는 의미로 쓰여서 배구나 테니스에서 상대편의 공을 받아서 '힘껏 치는 것'을 말하기도 해.

마지막으로 crack에서 파생된 단어를 하나 더 보자. craze는 도자기 표면에 생기는 금이라는 뜻도 있지만, 사물이 금이 가거나 부서진 것이 아니라 사람 눈에 보이지 않는 어떠한 정신적인 충격 때문에 발생하는 미치게 하다는 뜻이고 crazy는 말이나 행동이 보통사람과는 전혀 다른 정상이 아닌, 미친이라는 뜻이야.

190 gesture 몸짓

registration 등록, 신고
rej-uh-**strey**-shuhn
↑
register 등록하다　　**suggest** 제안하다　→　**suggestion** 제안
rej-uh-ster　　　　　　 suhg-**jest**　　　　　　　　suhg-**jes**-chuhn
　↖　　　　　　　↑
　　gesture 몸짓　←　**geste/jeste**　→　**jest** 농담　→　**jester** 어릿광대
　　jes-cher　　　　　　　　　　　　　　jest　　　　　　**jes**-ter
　↙　　　　　　　↓
digest 소화하다　　**congest** 혼잡하게 하다　→　**congestion** 혼잡, 정체
dih-**jest**　　　　　kuhn-**jest**　　　　　　　　　kuhn-**jes**-chuhn
↓
digestion 소화
dih-**jes**-chuhn

고대 프랑스어인 geste와 jeste는 무언가를 옮기는 '운반하다'는 뜻으로 쓰였던 단어였어. 그래서 geste에서 나온 gesture는 몸을 움직이거나 옮겨서 행동하는 몸짓을 의미하지. jeste에서 파생되어 영어로 온 jest도 원래 몸을 움직이는 것을 의미했지만, 현재는 말이나 행동을 옮겨 다른 사람을 흉내 내고 장난치는 농담, 장난을 뜻하게 되었어. jeste에 접미사 er을 붙인 jester는 이러한 말이나 행동으로 장난을 표현하는 사람인 어릿광대라는 뜻이 있어.

다시 gest로 가서, 앞에 '분리'를 뜻하는 di를 붙인 digest는 먹을 것을 잘게 부숴 자신의 속 안으로 옮기어 넣는 소화하다는 뜻이고 명사로 쓰이는 digestion은 소화를 의미하는 단어야. 미국의 월간지인 Reader's Digest는 독자들이 잘 이해하고 소화시킬만한 문학작품이나 역사적 지식을 잘게 간추려 나오는 것을 뜻하는 이름이야. 앞에 '아래'를 뜻하는 sub을 붙인 suggest는 자신의 생각을 말로 표현해 아래에 옮겨놓는다고 해서 생긴 제안하다, 제시하다는 뜻이고 suggestion은 제안이나 제시를 의미해.

congest는 원래 여러 가지 것들을 함께 옮기는 '쌓다'는 뜻으로 쓰였던 단어인데 현재는 너무 많은 것을 옮겨서 복잡해지는 혼잡하게 하다로 쓰이고 있어. 그래서 명사인 congestion은 혼잡이나 정체라는 뜻으로 쓰이는 것이지.

앞에 re를 붙인 regest는 현재는 쓰이지 않는 단어이지만, 여기에서 파생된 register가 나오게 되었어. 뜻은 어떠한 사실이나 결과를 책이나 장부에 적어 옮겨 놓는 등록하다, 기록하다이고 명사인 registration은 등록이나 신고를 말해.

연습하기
빈칸에 적절한 뜻과 철자를 넣으세요.

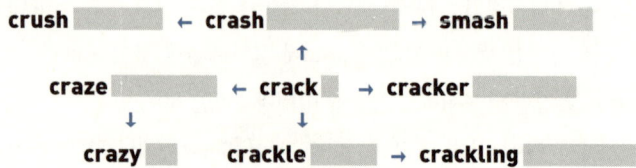

cr☐sh 찌그러뜨리다 ← cra☐☐ 사고, 굉음; 박살나다 → ☐☐☐sh 박살 내다
↑
cra☐☐ 금; 미치게 하다 ← crack 금 → crack☐☐ 파괴자, 크래커
↓　　　　　　　　↓
craz☐ 미친　　crack☐☐ 금이 가다 → crackl☐☐☐ 구워진 돼지 껍질

```
registration
   ↑
register        suggest    →  suggestion
       ↖         ↑
gesture  ←  geste/jeste  →  jest  →  jester
digest  ↙       ↓
   ↓        congest     →  congestion
digestion
```

---

regist☐☐☐☐☐☐ 등록, 신고
   ↑
☐☐gister 등록하다   ☐☐☐gest 제안하다 → suggest☐☐☐ 제안
               ↖   ↑
gest☐☐☐ 몸짓 ← geste/jeste → jest 농담 → jest☐☐ 어릿광대
☐☐gest 소화하다 ↙   ↓
   ↓   ☐☐☐gest 혼잡하게 하다 → congest☐☐☐ 혼잡, 정체
digest☐☐☐ 소화

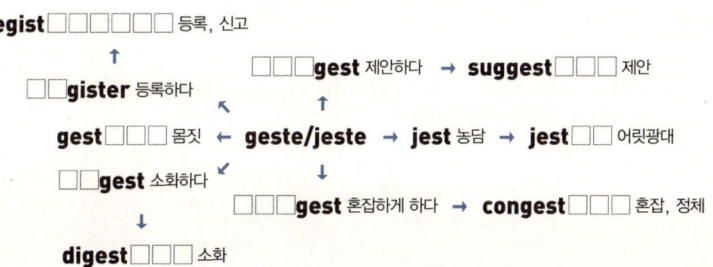

191 bankrupt 파산한

interrupter 방해자 ← **interrupt** 방해하다 → **interruption** 중단
in-tuh-**ruhp**-ter   in-tuh-**ruhpt**   in-tuh-**ruhp**-shuhn

corrupt 부패한; 타락시키다 ← **rupt** → **bankrupt** 파산한
kuh-**ruhpt**   **bangk**-ruhpt

↘ **bankruptcy** 파산
bangk-ruhpt-see

corruption 부패   **erupt** 분출하다 → **eruption** 폭발, 분출
kuh-**ruhp**-shuhn   ih-**ruhpt**   ih-**ruhp**-shuhn

eruptive 분화의
ih-**ruhp**-tiv

bankrupt를 설명하기 전에 bank가 어떻게 '은행'을 뜻하게 되었는지 보자. bank는 원래 흙이 산처럼 위로 올라가 있어서 강에 물이 넘치지 않게 막는 '둑'이나 '제방'을 의미했어. 그러다가 흙이나 돌이 위로 올라가 있어서 사람들이 앉을 수 있는 데서 '의자'라는 뜻까지 생겼고, 여러 사람이 앉을 수 있는 의자를 말하는 bench를 파생시키기도 했어. 현재 bank가 가진 '은행'이라는 뜻은 마치 흙이 위로 쌓인 것처럼 사람들의 거래를 통해 책상 위로 돈이 쌓여 있다는 데서 생겨났어.

bank에 '깨다, 부수다'를 뜻하는 rupt를 붙인 bankrupt는 사업자가 은행이나 다른 곳에서 빚을 갚지 못해서 사업이 완전히 부서져 버린 파산한이고 bankruptcy는 재산을 모두 잃고 망한 파산이라는 뜻이야.

rupt 앞에 '~사이에'라는 뜻을 지닌 inter를 붙인 interrupt는 사람과 사람 사이의 관계를 부수거나 말과 행동 중간에 끼어들어 막는 방해하다, 중단하다는 뜻이야. 명사인 interruption은 중단을 의미하고 interrupter는 중간에서 방해하는 사람인 방해자를 뜻해.

rupt 앞에 com에서 변형된 cor를 붙인 corrupt는, 형용사로는 자신의 삶이 완전히 부서져서 망가진 상태를 표현한 부패한, 타락한이고 동사로는 무언가를 타락하게 만드는 타락시키다는 뜻이야. 명사 corruption은 부패나 타락을 뜻하고, 사상이나 의식 등이 부패하고 타락되는 오염을 뜻하기도 하지. 앞에 '밖'을 뜻하는 e를 붙인 erupt는 밖으로 무언가 부서져 터지는 것을 표현해서 화산이나 용암 등이 밖으로 터져 나오는 분출하다는 뜻과 사람의 감정이 터져 나오는 폭발하다는 뜻이야. 명사 eruption은 폭발이나 분출, 형용사 eruptive는 분화의이지.

192 exist 존재하다

persistent 고집 센
per-**sis**-tuhnt

persistence 고집
per-**sis**-tuhns

coexistence 공존
koh-ig-**zis**-tuhns

coexistent 공존하는
koh-ig-**zis**-tuhnt

insistence 고집
in-**sis**-tuhns

persist 고집하다
per-**sist**

coexist 공존하다
koh-ig-**zist**

existent 존재하는
ig-**zis**-tuhnt

insist 고집하다
in-**sist**

sist

exist 존재하다
ig-**zist**

existence 존재
ig-**zis**-tuhns

insistent 고집하는
in-**sis**-tuhnt

resist 저항하다
ri-**zist**

resistance 저항
ri-**zis**-tuhns

insistently 고집 세게
in-**sis**-tuhnt-lee

resistant 저항하는
ri-**zis**-tuhnt

1권에서 배운 stand와 앞에 나왔던 sit에서 영향을 받아 생겨난 sist는 똑같이 '놓다, 세우다'를 의미하고, 지금은 접두사를 붙여서 다양하게 사용하고 있어.

앞에 '밖의'를 뜻하는 ex가 붙으면서 발음상 s가 사라진 exist는 어떤 것이 밖에 서 있는 것을 의미하는데, 눈앞에 서 있다는 것은 현실 속에 실제로 있다는 의미로 존재하다, 실존하다는 뜻이야. 명사 existence는 존재, 형용사인 existent는 존재하는을 뜻해.

앞에 '함께'를 뜻하는 co를 붙인 coexist는 함께 존재하는 것인 공존하다를 뜻해. 명사 coexistence는 공존, 형용사 coexistent는 공존하는이야.

앞에 in을 붙인 insist는 자신 안에 세워진 주장만을 굳게 믿는 고집하다, 주장하다는 뜻이고 명사인 insistence는 고집이나 주장을 뜻해. 형용사로 쓰이는 insistent는 고집하는이고 부사인 insistently는 고집 세게이지.

참고로 persist는 insist와 똑같이 고집하다를 뜻하고, 오랫동안 고집을 부린다는 데서 지속하다는 뜻도 갖게 되었어. 명사 persistence도 고집과 지속적으로 버티는 끈기를 뜻하고 형용사인 persistent는 고집 센, 끈질긴이야.

'다시'를 뜻하는 re를 붙인 resist는 다시 서 있는 것을 의미해서 상대편의 공격에 다시 서서 버티는 저항하다, 반대하다는 뜻이고, 명사 resistance는 저항, 반대를 뜻해. 앞에 등장한 파생어들은 명사로 사용하기 위해 접미사 ence를 붙였지만 resist에는 ance가 붙어. 그 이유는 ence와 ance는 같은 뜻으로 사용하는 접미사인데 처음에는 resistence로 사용했다가 다른 나라에서 사용되면서 resistance로 변화된 후 영어로 들어왔기 때문이야. 저항하는을 뜻하는 형용사 resistant도 뒤에 ant가 붙어 있어.

연습하기
빈칸에 적절한 뜻과 철자를 넣으세요.

```
interrupter      ← interrupt      → interruption
                       ↑
corrupt          ← rupt → bankrupt      → bankruptcy
    ↓              ↓
corruption       erupt → eruption
                   ↓
                eruptive
```

```
interrupt☐☐ 방해자 ← ☐☐☐☐rupt 방해하다 → interrupt☐☐☐ 중단
                       ↑
☐☐rupt 부패한; 타락시키다 ← rupt → ☐☐☐☐rupt 파산한 → bankruptcy 파산
    ↓                ↓
corrupt☐☐☐ 부패    ☐rupt 분출하다 → erupt☐☐☐ 폭발, 분출
                       ↓
                erupt☐☐☐ 분화의
```

```
                    persistence    coexistence
    persistent          ↖     ↑          ↑         ↗  coexistent
    insistence    persist       coexist
         ↑            ↑              ↑      ↗  existent
    insist    ←    sist    →    exist    →    existence
         ↓                ↓
    insistent         resist    →    resistance
         ↓                ↓
    insistently       resistant
```

```
                    persist□□□□ 고집   coexist□□□□ 공존
persist□□□ 고집 센   ↖     ↑                   ↑     ↗ coexist□□□ 공존하는
insist□□□□ 고집     □□sist 고집하다   □□exist 공존하다
         ↑              ↑              ↑    ↗  exist□□ 존재하는
    □□sist 고집하다  ←  sist  →  □□ist 존재하다  →  exist□□□□ 존재
         ↓                ↓
    insist□□□ 고집하는   □□sist 저항하다  →  resist□□□□ 저항
         ↓                ↓
    insistent□□ 고집 세계   resist□□□ 저항하는
```

193 quite 완전히, 아주

acquit 무죄를 선고하다 → **acquittance** 면제
uh-**kwit**　　　　　　　　　　uh-**kwit**-ns
↑
quit 중지하다 → **quite** 완전히, 아주
kwit　　　　　　　kwahyt
↓
quieter 방음 장치 ← **quiet** 조용한, 고요한 → **quietly** 조용히
kwahy-i-ter　　　　　kwahy-it　　　　　　　　kwahy-it-lee

quietude 고요　　**quieten** 조용해지다　**disquiet** 불안
kwahy-i-tood　　　　kwahy-i-tn　　　　　　　dis-**kwahy**-it

quit, quite, quiet의 세 단어는 철자가 유사해 보이지만 의미가 모두 달라서 기억하기 어려웠을 거야. 사전적인 뜻으로만 보자면 quit는 그만두다, quite는 아주, 완전히, quiet는 조용한이야.

세 단어의 의미가 전혀 달라 보이지만 한 단어를 정확히 기억한다면 어렵지 않게 세 단어 모두 기억할 수 있어.

quit는 원래 '자유롭게 하다'는 뜻이 있는 영단어 free라는 의미로 쓰였던 단어야. 그래서 학교나 직장에서 자유롭게 되는 그만두다는 뜻이 되었고, 담배나 술로부터 자유롭게 되어 중지하다는 뜻도 생겼지. 과거에는 형용사로도 쓰여서 모든 것으로부터 완벽하게 자유로워진 것을 표현한 '완전한'이란 뜻이었어. 이 뜻을 통해 부사로 완전히나 아주라는 뜻을 지닌 quite라는 단어가 나오게 된 것이지. quit 앞에 ad가 붙어서 생겨난 acquit는 죄에서부터 자유롭게 된 것을 의미하는 무죄를 선고하다는 뜻이고 명사로 쓰이는 acquittance는 의무나 채무로부터 자유로운 면제를 의미해.

quiet는 소음이나 공해로부터 자유로운 것을 표현하기에 조용한, 고요한이라는 뜻으로 쓰이게 된 단어야. 이 단어에서 파생된 quietly는 조용히나 고요히를 뜻하고 뒤에 er을 붙인 quieter는 조용하게 만들어주는 방음 장치를 의미하는 단어야. quiet를 명사로 만든 quietude는 고요를 의미하는 단어이고 동사로 쓰이는 quieten은 조용해지다는 뜻이지.

마지막으로 앞에 dis를 붙인 disquiet는 고요하고 평안한 마음이 사라지는 불안이나 걱정을 뜻하는 단어야.

194 test 시험, 실험

testament 유언장
tes-tuh-muhnt

testimony 증언　　**test** 시험, 실험　　**testify** 증언하다
tes-tuh-moh-nee　　test　　**tes**-tuh-fahy

contest 대회　　　　　　　　　　　　**attest** 증명하다
kuhn-**test**　　**protest** 항의하다　　uh-**test**
　　　　　　　　pruh-**test**

contestant 참가자　　　　　　　　　**attestation** 증명
kuhn-**tes**-tuhnt　　**Protestant** 신교도　　at-e-**stey**-shuhn
　　　　　　　　　　pruh-**tes**-tuhnt

대표적으로 '시험'이나 '실험'을 뜻하는 영단어 test가 원래 가졌던 뜻은 광석에서 금과 은을 구별하는 '분석용 접시'였어. 지금은 잘 쓰지는 않는 뜻이지만 이 뜻을 통해서 어떠한 현상이나 형식을 실제로 시행해 보고 분류해 보는 실험이라는 뜻이 나오게 되었어. 그러면서 사람의 실력을 평가해 보는 시험이라는 뜻이 생긴 거야. 지금은 잘 쓰지 않는 의미이긴 하지만 실험을 통해서 실제적으로 나오게 되는 '증거'라는 뜻도 가지고 있었지.

동사로 쓰이는 testify는 어떠한 사실을 입증하여 말하는 증언하다와 증명하다를 뜻하고 명사로 쓰이는 testimony는 증언이나 증거라는 뜻이야. testament는 사람이 죽은 후 실제적으로 기록되고 증언되는 유언장이라는 뜻이 있고, 신과 사람과의 서약이라는 의미에서 성서라는 뜻도 지니고 있어. 성서의 내용은 크게 신약과 구약으로 나뉘는데 '신약'은 New Testament라 하고 '구약'은 Old Testament라고 해.

앞에 ad를 붙인 attest는 testify와 같은 뜻인 증언하다, 증명하다이고 명사인 attestation은 증명, 입증을 의미하는 단어야. 앞에 '함께'를 뜻하는 con을 붙인 contest는 자신의 장기를 남들과 겨루는 자주 접할 수 있는 대회나 시합을 의미하는 단어야. 함께 모인 많은 사람의 증언을 통해 승리한 사람을 뽑는 것이기에 생겨난 단어이고 이렇게 대회에 참가한 참가자를 contestant라고 해. 마지막으로 앞에 pro를 붙인 protest는 앞으로 나와 증언하는 것을 의미하여 항의, 항의하다는 뜻으로 쓰이게 된 단어이고 Protestant는 과거 16세기에 로마 가톨릭에 저항하며 앞장서서 새롭게 종교개혁을 이룬 신교도를 의미하는 단어야.

연습하기
빈칸에 적절한 뜻과 철자를 넣으세요.

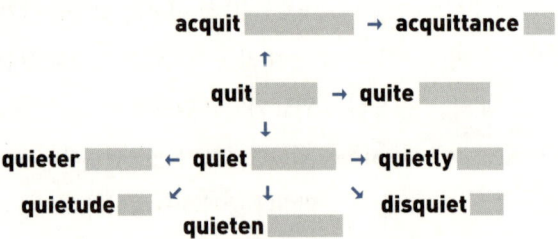

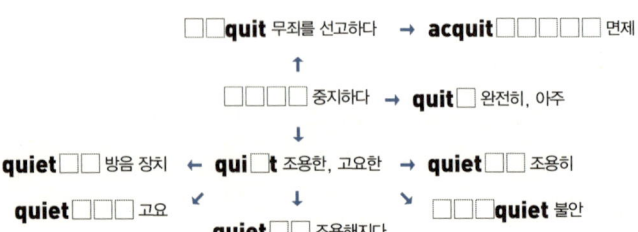

```
                    testament
                        ↑
testimony  ←  test  →  testify
   contest   ↙    ↓    ↘   attest
             protest
      ↓         ↓           ↓
contestant            attestation
           Protestant
```

```
                    test□□□□□ 유언장
                        ↑
test□□□□□ 증언  ←  □□□□ 시험, 실험  →  test□□□ 증언하다
      □□test 대회   ↙    ↓    ↘   □□test 증명하다
                 protest 항의하다
      ↓                         ↓
contest□□□ 참가자          attest□□□□□ 증명
              ↓
        Protestant 신교도
```

195 solve 해결하다, 풀다

resolute 확고한 ← **resolve** 결심하다 → **resolution** 결심
rez-uh-loot　　　　　　ri-zolv　　　　　　　　rez-uh-loo-shuhn

↑

dissolve 끝내다 ← **solve** 해결하다, 풀다 → **solution** 해답, 해법
dih-zolv　　　　　　　solv　　　　　　　　　suh-loo-shuhn

↓　　　　　　　　　↓

dissolution 파경, 해산　**absolve** 면죄하다 → **absolution** 면죄
dis-uh-loo-shuhn　　　　ab-zolv　　　　　　　ab-suh-loo-shuhn

↓

absolute 절대적인 → **absolutely** 틀림없이
ab-suh-loot　　　　　ab-suh-loot-lee

라틴어에서 파생된 영단어 solve는 묶여 있던 것을 끊어버리거나 느슨하게 만드는 것을 의미했어. 그래서 현재는 눈에 보이지 않는 어떠한 어려운 환경에 묶인 것을 끊어 버려서 해결하다는 뜻과 복잡하게 얽혀 있는 계산 문제의 답을 풀어버리는 풀다로 쓰이게 되었어. 명사 solution은 이렇게 해결된 상태를 의미해서 생긴 해답이나 해법을 뜻하는 거야.

앞에 강조를 뜻하는 re를 붙인 resolve는 얽혀 있는 어떠한 문제들을 하나하나 풀어서 분리해 놓은 분해하다는 뜻이 있는데, 특히 자주 쓰이는 뜻으로는 무언가를 해결하기 위해 마음을 굳게 다지는 결심하다와 solve와 같은 뜻인 해결하다는 의미도 지니고 있어. 그래서 명사로 쓰이는 resolution은 결심이나 해결을 뜻하고 형용사로 쓰이는 resolute는 무언가를 결심해서 하는 단호한, 확고한이란 뜻이야.

앞에 '분리'를 뜻하는 dis를 붙인 dissolve는 마치 물을 묶은 것으로 보이는 얼음이 녹아서 분리되는 용해하다는 뜻과 사업이나 결혼 등 하나로 묶여 이루어진 것들이 분리되어 생겨난 끝내다는 뜻도 지니고 있어. 그래서 명사로 쓰이는 dissolution은 녹거나 녹이는 일인 용해라는 뜻과 사랑하는 사람과 묶인 결혼이 끝나버리는 파경과, 그리고 회의가 끝나는 해산이라는 뜻이 있어.

마지막으로 앞에 '~부터'를 뜻하는 ab를 붙인 absolve는 자신을 묶었던 죄로부터 완전히 사라져 버리는 면죄하다는 뜻이고 명사인 absolution은 면죄를 의미해. 형용사로 쓰이는 absolute는 묶였던 죄가 완벽하고 확실하게 끊어진 것을 표현해서 생긴 완전한, 절대적인이라는 뜻이고 부사인 absolutely는 틀림없이, 전적으로라는 의미로 사용하는 단어야

196 **second** 둘째의

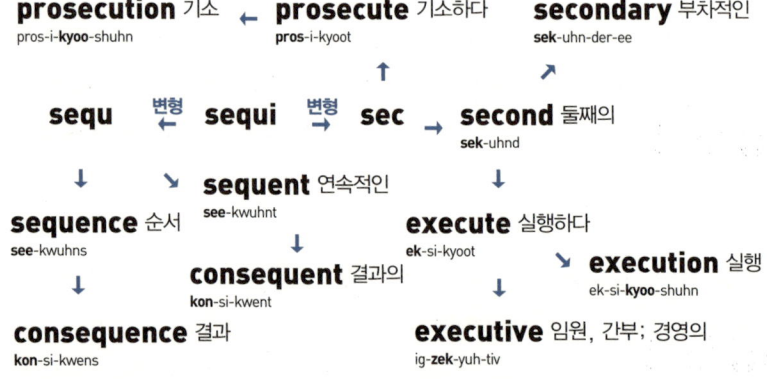

prosecution 기소
pros-i-**kyoo**-shuhn

prosecute 기소하다
pros-i-kyoot

secondary 부차적인
sek-uhn-der-ee

sequ 변형 **sequi** 변형 **sec** **second** 둘째의
sek-uhnd

sequent 연속적인
see-kwuhnt

sequence 순서
see-kwuhns

execute 실행하다
ek-si-kyoot

execution 실행
ek-si-**kyoo**-shuhn

consequent 결과의
kon-si-kwent

consequence 결과
kon-si-kwens

executive 임원, 간부; 경영의
ig-zek-yuh-tiv

프랑스어 sequi는 '따르다'는 뜻을 지니고 있었는데 이 단어가 영어로 오면서 sec와 sequ로 변형되었고 많은 영단어를 파생하게 되었어.

먼저 sec에서 파생된 second는 첫 번째 다음에 따라오는 숫자를 표현하여 둘째의라는 뜻을 지닌 한정사로 쓰이게 되었고 secondary는 이차적인, 부차적인을 뜻해.

접두사 pro를 붙이고 동사로 만들기 위해 접미사 ute를 붙인 prosecute는 사건이나 사고가 발생했을 때 뒤따라서 행하는 일을 의미해서, 사건이 발생한 후 법원에 심판을 요구하는 기소하다, 고발하다는 의미의 단어이고 명사형인 prosecution은 기소나 고발을 뜻해.

앞에 ex를 붙이면서 발음상 s가 사라진 execute는 명령에 따라서 행하는 것을 의미해서, 명령에 따라서 죄진 자를 사형이나 형벌에 처하는 처형하다는 뜻과 명령에 따라서 일을 처리하는 실행하다는 뜻이 있어. execute에서 파생된 execution은 처형이나 실행을 뜻하고 executive는 명사로는 이러한 명령을 하고 책임지는 임원이나 간부라는 뜻이 있고, 형용사로는 경영의, 행정의라는 뜻으로 쓰이고 있어. 참고로, 명령을 내리고 책임지는 임원 중에서도 최고를 뜻하는 기업의 '최고 경영자'는 CEO라고 하는데 chief executive officer의 약자야.

sequ에 접미사 ence를 붙인 sequence는 어떠한 것이 지나간 다음 연속적으로 따라가는 순서나 절차를 뜻하고 형용사 sequent는 다음에 오는, 연속적인이라는 뜻이야. 앞에 con을 붙인 consequence는 함께 따라와 마지막에 얻게 되는 결과나 중요성을 뜻하고 형용사 consequent는 결과의, 결과로 일어나는이라는 뜻이지.

연습하기
빈칸에 적절한 뜻과 철자를 넣으세요.

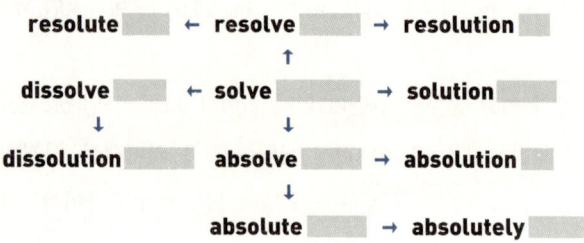

resol☐☐☐ 확고한 ← ☐☐solve 결심하다 → resol☐☐☐☐☐ 결심
　　　　　　　　　　　　↑
☐☐solve 끝내다 ← ☐☐☐☐☐ 해결하다, 풀다 → sol☐☐☐☐☐ 해답, 해법
　↓　　　　　　　　　↓
dissol☐☐☐☐☐ 파경, 해산　☐☐solve 면죄하다 → absol☐☐☐☐☐ 면죄
　　　　　　　　　　　　↓
　　　　　　　abso☐☐☐☐ 절대적인 → absolute☐☐ 틀림없이

304

```
prosecution    ← prosecute              secondary
                      ↑              ↗
  sequ   ←변형  sequi  →변형  sec  →  second
   ↓         ↘ sequent                  ↓
sequence          ↓              execute  →  execution
   ↓         consequent                  ↓
consequence                       executive
```

```
prosecut□□□ 기소  ←  □□sec□□□ 기소하다   second□□□ 부차적인
                      ↑              ↗
  sequ   ←변형  sequi  →변형  sec  →  □□□□□□ 둘째의
   ↓         ↘ sequ□□□ 연속적인         ↓
sequ□□□ 순서       ↓           execute 실행하다  →  execut□□□ 실행
   ↓         □□sequent 결과의           ↓
□□sequence 결과                  execut□□□ 임원, 간부; 경영의
```

197 **sue** 고소하다, 청구하다

suite room 스위트룸
sweet-room

↑

suite 한 쌍
sweet

↑　↗　**suitable** 적합한 → **suitably** 적합하게
　　soo-tuh-buhl　　　　　soo-tuh-buh-lee

sue 고소하다, 청구하다 → **suit** 고소, 청구, 정장 → **lawsuit** 소송, 고소
soo　　　　　　　　　　soot　　　　　　　　　　**law**-soot

↓

pursue 추적하다 → **pursuit** 추적, 추구
per-**soo**　　　　　per-**soot**

↓

pursuer 추적자
per-**soo**-er

앞에서 프랑스어 sequi가 '따르다'는 뜻이 있다고 했는데, 이번에 나오는 sue도 같은 뜻이 있는 단어야. sue는 아프리카어였는데 영어로 사용하게 된 단어야. 이 단어가 처음 쓰였을 때는 어떠한 행위나 사람을 따르는 것을 의미했지만, 현재는 앞에서 배운 prosecute와 비슷하게 어떠한 잘못된 행위가 발생해 법적으로 조치를 요청하는 고소하다, 청구하다는 뜻으로 쓰이고 있어. sue가 분사로 쓰여서 생기게 된 suit는 명사로는 고소와 청구라는 뜻을 지니고 있고, 전체적으로 한 가지 색깔로 통일된 옷을 따라서 입는다는 데서 정장이라는 뜻도 생기게 되었어. 앞에 '법'을 뜻하는 law가 붙은 lawsuit은 소송이나 고소를 의미해.

suit에서 나온 suite는 여러 개의 물품이 하나에 따라오는 한 쌍이나 한 벌을 뜻하고, 뒤에 room을 붙인 suite room은 호텔에서 여러 방과 욕실 등이 함께 붙어 있는 스위트룸을 의미해. suit 뒤에 able을 붙인 suitable은 무언가를 따라서 할 수 있는 것을 표현한 적합한, 적절한이고 뒤에 ly를 붙인 부사 suitably는 적합하게, 어울리게라는 뜻이지.

'앞'을 뜻하는 pur를 sue 앞에 붙인 pursue는 앞에 있는 사람을 뒤에서 따라가는 추적하다는 뜻과, 목적을 이루기 위해 뒤에서 쫓는 추구하다는 뜻이 있어. 그래서 명사로 쓰이는 pursuit는 추적과 추구를 뜻하는 단어이고 pursuer는 뒤에서 쫓는 추적자를 말해.

198 record 기록하다, 녹음하다

discouragement 낙심
dih-**skur**-ij-muhnt

encouragement 격려
en-**kur**-ij-muhnt

discourage 낙담시키다
dih-**skur**-ij

encourage 격려하다
en-**kur**-ij

cor →변형→ **cour** → **courage** 용기
kur-ij

courageous 용감한
kuh-**rey**-juhs

concord 조화 ← **cord** → **accord** 일치하다; 일치, 조화
kon-kawrd   uh-**kawrd**

discord 불일치
dis-kawrd

record 기록하다, 녹음하다 → **recorder** 녹음기
ri-**kawrd**   ri-**kawr**-der

라틴어 cor는 사람의 '마음'을 뜻하는 단어였는데, 이 단어가 다른 나라에서 쓰이며 변화되어 나중에는 cour과 cord로 쓰이게 되었어.

먼저 cour에서 파생된 영단어를 보면, cour 뒤에 age를 붙인 courage는 마음에 두려움이나 겁이 전혀 없이 담대하게 나아가는 용기를 뜻하는 단어이고 형용사인 courageous는 용감한을 의미해. 명사와 형용사를 동사로 만드는 접두사 en을 붙인 encourage는 용기 낼 수 있게 만드는 용기를 북돋우다, 격려하다로 쓰이고 명사 encouragement는 격려를 뜻하는 단어야. 앞에 '부정'이나 '반대'를 나타내는 dis를 붙인 discourage는 용기를 꺾어버리는 낙담시키다와 어떠한 것을 하지 못하게 반대하는 막다는 뜻이고 명사인 discouragement는 낙심이나 방지로 쓰이지.

cord에서 파생된 영단어를 보면, 앞에 ad를 붙인 accord는 동사로는 서로의 마음이 같은 방향으로 향하게 되는 일치하다는 뜻이 있고, 명사로는 일치나 조화라는 뜻이 있는 단어야. 앞에 con을 붙인 concord도 accord가 의미하는 것과 똑같이 서로의 마음이 함께 합쳐진 일치나 조화를 뜻하는 단어야. 반대로 discord는 마음과 생각이 서로 어긋나는 불일치, 불화를 뜻하는 단어이지. 앞에 re를 붙인 record는 원래 과거에 마음에 두었던 일을 다시 생각하는 '회상하다'는 뜻이었지만 현재는 다시 기억하기 위해 적어두는 기록하다와 녹음하다라는 뜻으로 쓰이고 있어. 그리고 뒤에 er을 붙인 recorder는 녹음하는 기계인 녹음기를 뜻하지.

연습하기
빈칸에 적절한 뜻과 철자를 넣으세요.

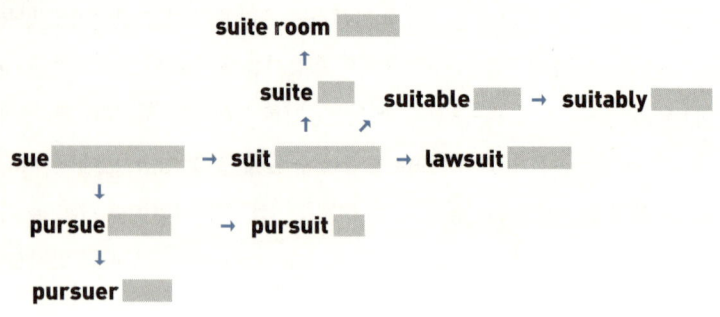

                          suite ☐☐☐☐ 스위트룸
                            ↑
                 su☐te 한 쌍   **suit**☐☐☐☐ 적합한 → **suitabl**☐ 적합하게
                        ↑ ↗
☐☐☐ 고소하다, 청구하다 → ☐☐☐☐ 고소, 청구, 정장 → ☐☐☐**suit** 소송, 고소
    ↓
☐☐☐**sue** 추적하다 → **pursu**☐☐ 추적, 추구
    ↓
pursue☐ 추적자

```
                    discouragement        encouragement
                         ↑                      ↑
                    discourage            encourage
                              ↖          ↗
                  cor →(변형) cour → courage → courageous
                     ↓(중복)
    concord ← cord → accord
              ↙    ↘
       discord     record → recorder
```

```
                    discourage□□□□ 낙심    encourage□□□□ 격려
                         ↑                      ↑
                    discourage 낙담시키다    □□courage 격려하다
                              ↖          ↗
              cor →(변형) cour → cour□□□ 용기 → courage□□□ 용감한
                 ↓(중복)
  □□□cord 조화 ← cord → □□cord 일치하다; 일치, 조화
              ↙    ↘
  □□□cord 불일치   □□cord 기록하다, 녹음하다 → recorde□ 녹음기
```

311

199 credit 신용, 외상, 학점

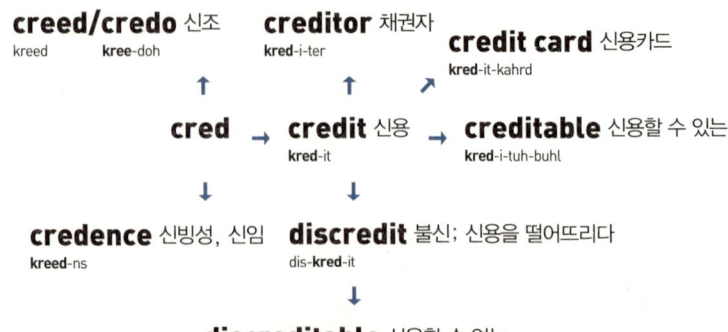

creed/credo 신조
kreed　　kree-doh

creditor 채권자
kred-i-ter

credit card 신용카드
kred-it-kahrd

cred → **credit** 신용 → **creditable** 신용할 수 있는
　　　　　　kred-it　　　　　　　　kred-i-tuh-buhl

credence 신빙성, 신임　　**discredit** 불신; 신용을 떨어뜨리다
kreed-ns　　　　　　　　　　dis-**kred**-it

discreditable 신용할 수 없는
dis-**kred**-i-tuh-buhl

이번에는 credit이라는 단어에 대해서 자세히 알아보려고 해. 더불어서 지갑 속 필수품인 신용카드를 영어로 credit card라고 말하게 된 이유도 알려줄게.

라틴어 cred는 사람이나 사실을 신뢰하는 '믿다'라는 뜻을 지닌 동사였어. cred의 과거분사형이 바로 credit이었는데 이 단어는 지금까지도 사용되고 있지.

믿게 된 사실을 의미하는 credit는 처음에는 '믿음'이라는 뜻으로 사용했지만, 현재는 사람이나 사물을 의심하지 않고 믿는 것인 신용을 뜻해. 은행에서 발행하는 신용카드를 credit card라고 부르는 이유도 은행에서 고객을 믿고 신용카드를 발행하기 때문이야.

　credit이 가진 다양한 뜻 중에서 자주 쓰이는 의미로는, 믿음을 통해서 돈이나 물건을 빌리는 외상과 해당 수업에서의 학생들의 노력이나 업적을 믿고 학교에서 제공하는 학점이 있어. creditor는 빌려준 돈이나 물건을 받을 권리가 있는 채권자를 말하고 형용사 creditable은 믿을 수 있는 것을 표현한 신용할 수 있는이라는 뜻과 사람들로부터 높은 신뢰와 평가를 받는 훌륭한이라는 뜻을 나타내는 단어야. 앞에 '반대'를 뜻하는 dis를 붙인 discredit는 믿음을 주는 신용이 전혀 없는 것을 뜻해서 명사로는 불신, 동사로는 신용을 떨어뜨리다를 의미하고 discreditable은 신용할 수 없는을 뜻해.

원어 cred에 명사로 만드는 접미사 ence를 붙인 credence는 믿음의 근거가 되는 성질인 신빙성이나 믿고 맡길 수 있는 신임을 뜻해. 또한 cred에서 파생되어 변형된 creed와 credo는 굳게 믿어 지키고 있는 생각인 신조라는 뜻이야.

200 rule 규칙; 통치하다, 지배하다, 판결을 내리다

irregularity 불규칙, 불법
ih-reg-yuh-**lar**-i-tee
↑
irregular 불규칙적인　　**ruler** 통치자
ih-**reg**-yuh-ler　　　　　　**roo**-ler
↑　　　　　　　　↑
regular 규칙적인; 단골손님　←　**rule** 규칙; 통치하다
reg-yuh-ler　　　　　　　　　　rool
↓　　　　　　　　↓
regulate 규제하다　　**rulebook** 규칙서
reg-yuh-leyt　　　　　　roolbook
↓
regulation 규제
reg-yuh-**ley**-shuhn

다른 사람과 공존하며 세상을 살아가려면 꼭 지켜야 할 규칙이 있고 이러한 규칙을 지키지 않고 어기게 되면 법으로 심판을 받게 되지. 민주주의 사회에서는 국회에서 법을 통과시켜 이러한 규칙을 정하지만, 과거에는 오직 왕에 의해서 규칙이 정해졌어. 프랑스의 루이14세가 절대왕권을 내세우며 '짐은 곧 국가이다'라는 말을 했듯이 과거에는 절대적인 왕권을 통해 사람들을 지배했어. 앞에서 왕을 의미하는 reg에서 파생된 단어를 배웠다면 여기서는 왕이 내리고 정하는 규칙을 의미하는 rule을 배워보자.

rule은 명사로는 규칙이지만 동사로는 왕이 나라를 다스리는 통치하다, 지배하다를 뜻하고 법으로 선악을 결정하는 판결을 내리다는 뜻도 있어. rule에 er을 붙인 ruler는 절대적인 힘으로 나라를 지배하는 사람인 통치자를 의미하고 rulebook은 체계적으로 정해져 있는 규칙들을 상세히 정리해 놓은 규칙서를 말해.

앞에서 배운 '왕'을 뜻하는 reg와 '지배'를 뜻하는 rule이 합쳐져 regular가 생겨났어. 처음에 regular는 자신의 삶을 종교적인 명령이나 절대적인 명령에 순종하며 지키는 것을 표현한 규칙적인을 뜻했고 이 뜻에서 하루도 빠짐없이 같은 것을 반복하는 일상적인, 정규적인이라는 뜻까지 나온 거야. regular는 명사로도 사용하는데 늘 규칙적으로 운동경기에서 주전으로 나오는 고정선수나 반복적으로 찾아오는 단골손님을 뜻해. regular에서 파생된 동사 regulate는 일정한 한도를 정해놓는 규제하다, 조절하다이고 regulation은 규정이나 규제를 의미해. regular 앞에 '부정'을 나타내는 in을 붙인 irregular는 규칙적인 것의 반대를 뜻하는 불규칙적인이고 명사 irregularity는 불규칙, 불법을 의미해.

쉬어가기

regular

Secular

앞에서 regular는 종교적인 명령에 순종하는 것을 표현하는 단어라고 했지. 이와는 반대로 종교적으로 전혀 상관없이 세상에 속한 것을 표현하는 단어가 secular야. 앞에 붙은 sec는 지금은 사용하지 않는 '세대'를 뜻하는 secle과 '세상'을 의미하는 siecle에서 파생했고 세상에 속해 있다고 해서 '세속적인'을 뜻하게 되었어. secular에서 나온 secularism은 '세속주의'를 의미해.

기독교(천주교, 개신교)는 하나님을 섬기고 그의 아들 예수를 믿는 종교를 의미해. 과거 서양에서는 신에게 자신의 삶을 바치고 사는 것을 신에게 축복받은 귀한 삶으로 생각했고 신과 떨어져 세상 속에 사는 세속적인 삶은 부패하고 타락한 삶이라고 여겼어.

참고로 세상과 떨어져 종교적인 명령에 순종하며 사는 사람인 '수도자'를 monk라고 하는데 불교에서도 '승려'를 monk라고 해. 정확한 구분을 위해서 Buddhist monk라고 부르기도 하지. Buddhist는 부처를 의미하는 Buddha에 접미사 ist가 붙어서 '부처의 가르침을 따르는 사람'을 의미하는 거야.

연습하기
빈칸에 적절한 뜻과 철자를 넣으세요.

```
                    creed/credo      creditor
                         ↑              ↑      ↗ credit card
  credence  ←  cred  →  credit  →  creditable
                                ↓
                            discredit
                                ↓
                         discreditable
```

```
                    creed/credo 신조    credit☐☐ 채권자
                         ↑              ↑      ↗ credit ☐☐☐☐ 신용카드
  credence 신빙성, 신임  ←  cred  →  cred☐☐ 신용  →  creditable 신용할 수 있는
                                ↓
                          ☐☐credit 불신; 신용을 떨어뜨리다
                                ↓
                       discredit☐☐☐☐ 신용할 수 없는
```

```
                                                ruler
                                                  ↑
irregular      ←   regular       ←    rule
    ↓                  ↓                   ↓
irregularity       regulate             rulebook
                       ↓
                   regulation
```

```
                                                    rul□□ 통치자
                                                        ↓
  □□regular 불규칙적인  ←  □□□ular 규칙적인; 단골손님  ←  rule 규칙; 통치하다
       ↓                         ↓                      ↓
  irregular□□□ 불규칙, 불법    regul□□□ 규제하다       rule□□□□ 규칙서
                                 ↓
                            regula□□□□ 규제
```

책을 읽는 데 많은 시간을 보내라.
다른 사람이 열심히 노력해서 얻은 것들을 통해 좀 더 쉽게 자신을 개선할 수 있다.
소크라테스
Employ your time in improving yourself by other men's writings,
so that you shall gain easily what others have labored hard for.
Socrates